学際的思考としての神学

佐藤優 編著

K&Kプレス

はじめに

佐藤優

本書は、同志社大学で私から神学についての授業を受けた学部生たちの卒業論文集である。私が出版に値すると考え、なおかつ学生から自信をもって出版したいとの申し出があったものを厳選して収録している。

一般に、卒業論文は読者が限定されている。大学にも納本しないので、自分でインターネットに公開でもしない限り、ごく一部の人にしか読まれない。それをあえて書籍化した理由は、二つある。

一つは、学生たちに公共圏に向けて文章を書く訓練をしてもらいたいと思ったからだ。一部の人に向けて書くのと不特定多数に向けて書くのでは、緊張感が全く違う。学生の頃からこうした経験を積んでおけば、のちの人生で必ず役に立つ。

もう一つは、世の中に対して、同志社の学部生たちがこれほどの水準の論文を書けるということを示したかったからだ。大学生の学力低下が叫ばれて久しいが、知の共同体としての大学が機能していれば、学生は応えてくれるのである。

私が神学の授業を通して学生たちに伝えてきたのは、独創的な思いつきを披露するのではなく、通説を踏まえた上で議論することの重要性である。これは学芸や武芸における「守破離」について考えればわかりやすいと思う。「守破離」の「守」とは自分の属する流派の型を身につけること、「破」とは他の流派の型を知ること、「離」とは一つの流派から離れて独自のものを生み出していくことである。

学部生に求められるのは「守」である。「守」を踏まえて初めて「破」や「離」に進めるのであって、「守」を無視した議論は単なる思いつきにすぎない。それではインターネット空間に転がっている出所不明の言説と何も変わらない。

通説的な議論を身につけるために重要なことは、基本書を端から丁寧に読んでいくことである。それだから、私の授業では学生たちに神学の基本書を輪読させることにしている。

テキストを端から輪読していくと、当然のことだが、一冊を読み終えるまでにものすごく時間がかかる。そのため、授業で扱えるテキストの数は限られてくる。もっと多くの専門書を扱うべきだという意見もあると思う。しかし、基礎知識が欠如した状態で色んな本に手を出したところで、学生の学力は向上しない。逆に、基本書をじっくり読み込んで知識を定着させれば、他の専門書もスラスラ読めるようになる。つまり、一冊の本をゆっくり読むことが結果として速読につながるのである。

テキストの輪読では、教師側の力量も問われることになる。学生たちに端から読ませていく以上、教師はそこに出てくる概念や人物などをすべて説明できなければならない。その中には自分の専門分野以外のものもあるので、きちんとした下準備が必要になる。講演スタイルの授業のほうが、自分の専門分野の話だけで済ますことができるから、よほど楽なのである。

最近の大学ではディベートが奨励されているが、これも学生たちの学力向上にはつながらない。基礎知識もない段階でディベートをさせたところで、口八丁手八丁の学生が生まれるだけだ。私の授業でもディベートは行っているが、基礎知識を固めた上で行っている。

日本でディベートが重視されるようになったのは、アメリカの影響が大きい。アメリカではハーバード大学のマイケル・サンデル教授の白熱教室のような授業が盛んに行われている。しかし私から見ると、こうした授業はマニュアル本のような教科書に基づいて討論させているだけで、底の浅いものばかりだ。学生のためになっているとは思えない。

日本の大学がディベートを重視するのは、企業がディベートの得意な学生を求めるようになっているからという側面もあるだろう。しかし、口八丁手八丁の学生を集めても、企業の業績が良くなることはない。むしろ企業がこうした学生ばかり集めるようになったことが、日本経済停滞の一因になっていると思う。

基本書を輪読するというやり方は、実は中世の大学が採用していたスタイルである。中世にはまだ活版印刷技術が発明されていなかったので、教師がテキストをゆっくり読み上げ、学生がそれを書き写し、読み込んでいくという手法をとっていた。これが大学のオリジナルのスタイルである。オリジナルのやり方からわれわれが学ぶべきことがたくさんあると思う。

本書を読めばわかるように、同志社の学生たちは神学の基本を忠実に積み上げ、「守」を修了し、「破」の段階に至っている。この学生たちが神学を通して身につけたことは、社会人として仕事をしたり、他の分野の学問を学ぶ際にも応用できる。神学の思考は神学の枠内にとどまらず、分野横断的に役立つのである。本書のタイトル「学際的思考としての神学」には、そういう思いが込められている。

他の大学の教授や学生たちもぜひ本書を読み、参考にしてほしい。

本書を上梓するにあたっては中村友哉「月刊日本」編集長のお世話になりました。どうもありがとうございます。

2021年2月10日

佐藤優

ピエール・ベール『彗星雑考』への一考察

――改革派思想に基づく寛容論理――

太田輝（おおた　あきら）
一九九八年一月五日生まれ
現在、同志社大学院神学研究科 実践神学専攻
（論文執筆時は同志社大学　神学部　神学科）
大学でピエール・ベールの寛容論を学ぶ

【本論稿の目次】

第1章　序論

人間はいついかなる時代においても真理を求める存在である。その元始は古代にまでさかのぼる。プラトンによれば、この世界は仮象であり、イデア界に永遠不変の真理があるという。また、アリストテレスは思惟と実在の一致を真理とした。中世に入り、キリスト教的世界観が発展すると、アウグスティヌスはロゴスによって世界が創造されたという解釈に基づき、この世のものはすべて真理を内在しているとした。さらに時代が進むと、デカルトは疑いようのない純化された精神における明証を真理の基準として捉えた。

以上のように真理の捉え方は時代によって様々であるが、いずれも永遠不変の真理を追い求めるという姿勢に変わりはなかった。こうした真理における絶対主義および普遍主義は人々の精神構造に多大な影響を与えており、一定の文化的、政治的また宗教的対立を引き起こす要因となった。こうした真理への探究に一石を投じたうちの一人が、17世紀後半から18世紀にかけて活躍したフランスの神学者・哲学者ピエール・ベールである。彼は長らくヴォルテールや百科全書全般に理性という名の武器を提供した「啓蒙主義の先駆者」という評価がなされてきた。しかし、20世紀後半にベール研究が進むと、彼の根底には伝統的な改革派[1]精神が保持されているという解釈が主流となった。

筆者は、こうした改革派に立脚するというベール解釈に関して、彼の思想には真理論や宗教論を中心とした複数主義、すなわち寛容の概念が内在しているという結論に至った。本稿においては、彼の初著である『彗星雑考』Pensées diverses sur la comète を主にとり上げ、ベールの生涯を通した活動、改革派的観点から考察される人間観、および反カトリック的宗教論を結論の傍証として論ずる。

第2章　ピエール・ベールの人物像

2・1　略歴

ピエール・ベールは1647年11月18日、ピレネー山脈北麓のカルラ[2]に生まれた。父は改革派教会の牧師であり、母は貴族の娘であった。二人の兄弟を持ち、兄は父と同じく牧師であり、弟は大学卒業後パリで家庭教師をしていたが若くして死んだ。ピュイローランスで学んだ後、トゥールーズの大学に入るもカトリックに改宗した。その翌年、プロテスタントへと再改宗した。そのため迫害されることを恐れ、ジュネーブへと逃れた。同地のジュネーブ大学で学んだ後、フランスに戻り、セダン公国[3]のプロテスタント大学の哲学教授を務めた。同僚に牧師兼神学教授のピエール・ジュリュー[4]がいた。改革派弾圧が強まり、大学が閉鎖されたため職を失いオランダのロッテルダムへと移住し、同市立大学の哲学兼歴史教授に就任した。同じくジュリューも神学教授兼フランス語教会の牧師となった。これ以降、積極的に文筆活動を始めた。１６８２年に初著『彗星雑考』を匿名で刊行した。彗星における迷信に対する批判を中心として、伝統に拠る権威や無神論者と宗教者との比較論など多岐にわたって論理を展開した。同年、『マンブール氏の《カルヴァン派史》の一般的批判』Critique de l'histoire du calvinisme du Père Maimbourgを刊行する。１６８４年には『文芸共和国便り』Nouvelles de la rèpublique des lettresを刊行した。新聞形式で様々な書物を紹介し、ベールはその文才をいかんなく発揮し、文壇における地位を獲得した。１６８５年、『マンブール氏の《カルヴァン派史の一般的批判》の著者の新たなる手紙』を刊行した。この年、ベールの文筆活動が原因となり彼の兄が逮捕され獄死した。

１６８６年、前年にルイ14世がフォンテーヌブローの勅令を発令するとこれを機にベールは『ルイ大王のもと、カトリック一色のフランスとは何か』、および『〈強いて入らしめよ〉というイエス・キリストの言葉に関する哲学的註解』Commentaire philosophique sur ces les paroles de Jésus-Christ:《Contrains-les d'entrer》第一部、第二部を刊行した。[5]

同年、病気のため『文芸共和国便り』の刊行を中止した。１６８９年に『亡命者の手紙に対する新改宗者の返事』を刊行する。１６９０年、ベールの作と疑われた『亡命者に与うる重大なる忠告』Avis important aux réfugiés が出版され、以後数年間、オランダ在住の亡命プロテスタントを二分してベール派とジュリュー派の論争が続いた。こうしたジュリューとの敵対と同時にオランダ国内の政治的対立も高まったため、１６９３年ベールはロッテルダムの教授職を追われた。しかしこの追放を契機にベールはかねてから計画していた辞典執筆の計画に着手し、１６９６年に『歴史批評辞典』Dictionnaire historique et critique を刊行した。『歴史批評辞典』中、ベールは彼自身の生涯後半の課題であるとする神と悪の存在の問題を追求し、善悪二元論是認を含む膨大な推論の末、人間理性の脆弱さの再確認を経て信仰至上主義（フィディズム）[6]へと傾倒したとされる。

１７０３年に『ある田舎人の質問への答』Réponse aux questions d'un provincial 第一部を刊行すると、１７０４年には『続・彗星雑考』Continuation des Pensées diverses sur la comète を刊行し、１７０５年に『或る田舎人の質問への答』第二部、翌年に第三部を刊行した。そして同１７０６年12月28日、胸の病気のため、ロッテルダムで看取るものなく死ぬ。享年59であった。ベールの死の翌１７０７年、『ある田舎人の質問への答』第四部および『マクシムとテミストの対談』Entretiens de Maxime et de Thémiste が刊行された。

2・2　17世紀フランスにおけるカトリシズム

ベールが生きた時代、フランスにおける改革派は苦難の時代を迎えていた。１５９８年、フランス王アンリ4世はユグノー[7]に種々の特権を与えるためにナントの勅令を発令した。１５６２年以来カトリックとユグノーとの間に続けられた宗教戦争を終わらせるため、王みずからカトリックに改宗し、さらにフランスに平和を確立するためこのナントの勅令に署名、これを不変勅令とした。[8]勅令はカトリック教徒に対しては、彼らの教会のない地方に教会の再建を認め、ユグノーに対してはフランスのほとんどすべての地に礼拝の自由を認め、すべての公務につく資格、大学および学校設立の権利を与えた。[9]またユグノーは教会会議および政治的集会の開催を許され、いくつかの高等裁判所にプロテスタントの判事を送り、要塞１５０か所の委議も受けた。[10]したがってフランスはナヴァルの小王国を除いて、異なる2宗教の存在を認めたヨーロッパの唯一の国家となり、アンリ4世は宗教的寛容という近代原理の創始者となった。[11]

しかし、１６１０年にアンリ4世がカトリック教徒に暗殺され、彼の子であるルイ13世が王に即位すると、状況は次第に暗転してゆく。ルイ13世は8歳で即位したため、母であるマリー・ド・メディシスが摂政となった。彼女は基本的にアンリ4世の寛容政治を維持していた。しかし、１６１５年にルイ13世がスペイン王フェリペ4世の王女アナと結婚したために、カトリックとの結びつき強化に対してユグノーは警戒心をあらわにした。また、コンデ公が起こした反乱をユグノーが支援したことを目にしたルイ13世はユグノーに不信感を募らせるなど、フランスにおける寛容政治に不安の種をまいた。

母マリーの摂政時代が終わり、国務会議による統治を経て、リシュリュー枢機卿が宰相となり実権を握った。ユグノーによる支配権拡大を危惧したルイ13世とリシュリューは、1628年、ユグノーの政治権力を奪うため、その要塞都ラ・ロシェルを政撃してこれを占拠し、アレス和議によってユグノーの政治権力と軍事力とを廃棄した。なお、この時点ではナントの勅令は守られており、改革派の信仰の自由は保障されていた[12]。

しかし、遂には1643年にルイ13世が死去し、その子ルイ14世が王位に就いた。太陽王の名が冠されるルイ14世において、前代から行われていた国王集権化が頂点を迎え、フランスにおける絶対主義が最盛を誇った。

即位当初4歳であった王に代わって、母であるアンヌおよびリシュリューの腹心であったマザラン枢機卿が政治を行った。この治世下でもまだ改革派信仰は許されていた。

しかし、1661年にマザランが死去し、以後ルイ14世による親政が始まると改革派はより厳しい状況におかれることとなった。

ハプスブルク家との戦争を繰り返すうちにルイ14世はこれまでのガリカニスム（フランス

教会自立主義[13]）擁護から「カトリック教会の守護者」へとスタンスを移し、ローマ教皇との結びつきを強めるようになった[14]。同年、王国内の改革派の礼拝の権利を検証する任務を負った国王派遣官がフランス全州に任命され、これがルイ14世における改革派迫害の始点であった[15]。その後、礼拝、礼拝堂および牧師に関して制限が課せられ、また個人的信仰が外にあらわれることを禁止し、公民権および職業上の規制などあらゆる場面で改革派は制限を受けた[16]。1685年には改革派に対して竜騎兵を用いて強制的な改宗を迫り、時には武力行使（これは「龍が猛威を振るった（ドラゴネ）」と呼ばれた）も辞さなかった。このような強制的なカトリック化の結果、フランス西部、南部、東南部諸州に居住する改革派の大部分が改宗した[17]。これは、早期にドラゴネが行われたベアルヌ州を含めて、フランス王国の改革派の4分の3強を擁していた[18]。

そして同年1685年10月、ルイ14世はフォンテーヌブローの勅令を発令した。これはそれまで改革派唯一の希望であるナントの勅令を廃止するものだった。フランス国内においては大多数の改革派がカトリックへと改宗したためにこの寛容令は必要がなくなったと認定した[19]。これは確かに事実であるが、ほとんどの改革派がカトリックへと半ば脅迫される形で改宗した事実を無視していた。そしてカトリックの王としての立場を示すため、またヨーロッパのプロテスタント諸国を牽制するためにルイ14世はこの勅令を発する必要があると考えたのである。

フォンテーヌブローの勅令はナントの勅令を廃止したのみならず、プロテスタントを弾圧する条項を数多く含んでいた。教会堂は直ちに破壊され、礼拝も認可されず、改革派信徒の親を持つ子供たちはカトリック司教のもとで洗礼を受けることが義務付けられた。[20] このような弾圧運動は前述した竜騎兵主導のもと、フランス全土で精力的に推進された。しかし、結果的にはフランス国内のユグノーの優秀な人材が国外に流出し、ルイ14世の権力およびフランスの国力は徐々に衰退していった。なお、改革派が完全に自由を回復したのは1789年の寛容令および同年の人権宣言の時点であった。

こうした現実を目のあたりにしたベールは、改革派が弾圧されるのを肌で感じ、理不尽に虐げられる状況に憤りを感じていた。『ルイ大王のもと、カトリック一色のフランスとは何か』をはじめとする彼の著作の多くは改革派を擁護するものないし寛容を求めるものであり、宗教的絶対主義を解決しなければならない現実問題として捉えていたのである。

2・3　ベール自身の信仰の変遷

ピエール・ベールは幼少の頃から才気に恵まれ、知的好奇心の尽きることのない子供として期待されていた。また周囲の人々も彼に対する助力を惜しまなかった。彼の青年期における最も大きな出来事の一つとして、「再転落者」[21]となったことが挙げられる。改革派牧師の息子として生まれたベールは、トゥールーズでカトリックに改宗した。

「…フランスでも屈指の有名な大学があるトゥールーズへ行こうと決めた。同市に着いたのは一六六九年の二月で、或る家に下宿して、イエズス会の学院で行われる哲学の授業を聴きに行った。これはべつに異例のことではなかった。教会会議では禁じられてはいたが、改革派の人が子供をイエズス会士の所へ勉強に行かせることはよくあったからだ。とはいえ、トゥールーズ滞在はベール氏の一家に悲しい結果をもたらした。この人は改宗してしまったのである。ピュイローランスで何冊か宗教論争書を読んでひどく動揺を来していたが、トゥールーズに来てから、同じ家に泊まる司祭と議論をして疑念がいっそう募ったのだった。相手のいう理屈に答えられないため、自分は間違っていたと思い、トゥールーズ到着後一カ月にしてこの人はローマの宗教に帰依してしまった。」[22]

純粋に学知を求めるベールにとって、自分の信仰の正当性を示すことは必要不可欠であった。その根幹が崩された時、彼は改宗せざるをえないと考えたのである。

しかし、カトリックへの改宗から一年後の1670年、彼はプロテスタントへと再度改宗した。従兄弟のノーディス・ド・ブリュギエールとの議論を重ねるうちに、ローマ教会の教義を疑わしく思い始め、不十分な検討のうちにカトリックに改宗したことを悔いるようになった。[23] そして結局、ベールはカトリック教を棄教し、プロテスタントへと再改宗した。彼は後に信仰の変遷の経緯を以下のように語っている。

「…つまりあらかじめ抱く意見をいっそう固めるためではなく、プロテスタントの大原則にしたがって、乳とともに吸った教理が真か偽か検討するためだった。そこで、ローマ・カトリック教徒の言い分を彼ら自身の本で見たいという興味を起こした。…（中略）…太い幹にこそ繫がるべきで、プロテスタントの諸教派はその幹から切り払われた枝のようなものだと思ってしまった。…しかし被造物に捧げるのを目にする過度な崇拝がなんとも胡散臭く思われたし、哲学のお蔭で化体を不可能とみなすようになったため、この人は、かつて自分を負かした反論には詭弁があるのだという結論に至り、更めて両宗教を検討して、プロテスタント教が奪われている無数の現世的利益も、プロテスタント教に従う時は避けがたく見える無数の不都合も考慮せず、その宗教に復帰しようと決心したのである。」[24]

ベールにとって宗教とは常に反芻し、自分自身の正しさの内になければならないものであった。こうした宗教の検討は真理に近づくための唯一の方法であり、また自らの信仰への信頼を深める上で最も重要であると考えたのである。

2・4　ピエール・ジュリューとの論争

ベールを語る上ではピエール・ジュリューとの関係に触れておく必要もあるだろう。

1674年にジュネーブを発ったベールは、セダン公国に滞在し、セダン大学において哲学の教授職を得た。この時、同大学で神学教授を務めていたのがピエール・ジュリューであった。牧師でもあるジュリューは、ベールと同じく伝統的な改革派精神を持っていたものの、その関係は決して良好なものではなく、諍いが絶えることはなかった。

ベールとジュリューの論争は1682年、ベールの『マンブール氏の《カルヴァン派史》の一般的批判』という著作が多くの称賛を浴びたことから始まった。[25] ジュリューも同じ題材で『カルヴァン派史と法王教史の比較論、または宗教改革者と宗教改革と改革派のための弁明、全四部、マンブール氏の《カルヴァン派史》と題する攻撃文書を駁す』という本を出版するが、ベールとは対照的に全く評価されなかった。[26] 自尊心の強かったジュリューは、これによって深い憎悪の念と嫉妬心を抱くようになり、以後ベールを競争相手とみなした。

１６９１年、前年に出版された作者不明の『フランスへの近き帰国につき、亡命者に与うる重大なる忠告。１６９０年のお年玉として一亡命者に呈す』[27]という著作について、ジュリューはベールのものであると決めつけ、当時両者がともに教職を得ていたロッテルダム大学からベールを追放しようとした。ベールはこの本について弁明しようとしたものの、ジュリューは彼の権威を失墜させることに固執しており、聞く耳を持たなかった。[28]

そして同年、『全般的平和によって現下の戦争を終結させるための案をイレーヌとアリストが与える八つの対話』[29]という本の原稿がベールのもとに送られてくる。その原稿がジュリューのもとには送られてこなかったことに腹を立てた同氏は、『《亡命者に与うる忠告》の検討』という本においてベールを「背信の徒」「不敬の徒」「名誉心も宗教心もない男」「裏切り者」「ペテン師」「国家の敵」「唾棄し体制に処してしかるべき奴」などと呼んだ。[30]こうした激しい批判の後、ジュリューは市議会に訴えてベールの職をはく奪させ、また年金の給付を停止させるなど、次第に過激さはエスカレートしていった。彼の行動は周りからみても目に余る行為であった。そのため、教会はジュリューを異端的な人物とみなし、危険視することもあった。[31]

この時点で、ジュリューのベールに対する強い憎しみおよび嫉妬心は頂点に達しており、同じ改革派陣営でありながらカトリックと同等以上に敵視していたとされる。これまで述べた通り、ベールとジュリューの間では、私的な感情に起因する争いが多々あったことは事実であろう。特に、極めて優秀な学者であるベールの才能へのジュリューの羨望、嫉妬、そして憎しみは、絶え間ない両者間の争いにおいてまぎれもなく露見していた。[32]

両者の神学的な論争点の一つが、寛容に対する考え方である。ベールは人間とは有限なる存在であり、また絶対的な真理を認識することができないのであれば、他者の信ずる真理も、自分に真理とみえるものと同等に尊重しなければならないと説いた。そして、自分の信ずる宗教を他者に強要することも他者から強要されることも否定した。

一方でジュリューはカトリックに対して厳しい態度を持ち続けた。例えば、ベールの『哲学的註解』に対して、「我々が離散した次の年に、『哲学的註解』という悪書が出た。宗教的無差別、キリスト教内部での教義的無差別という邪説が、無礼の域まで達する無謀さ、厚かましさで説かれている本だった」[33]と述べている。カトリックに迫害されたという事実を強く主張する彼において、改革派以外の教派および宗教を認めることは不可能であった。

このような彼の思想は、もはや一種のカトリシズム的な要素を持っていたといえるだろう。寛容と節度を求めるベールの神学的立場は、改革派こそが絶対的であるというジュリューの立場と全く相容れなかったのである。同じ改革派でも、その姿勢は正反対であった。本質的にカトリックと変わりない論理を展開するジュリューを受け入れることはベールの信念に反するのであった。

第3章 『彗星雑考』における占星術批判

3・1 17世紀までの彗星

ベールの初著が1682年に出版された『彗星雑考』である。ベールはカトリック哲学者に扮してソルボンヌの博士に書簡形式の意見書を宛てている。この本の表向きの主題となるのが「彗星は凶事の前兆である」という命題であり、これを迷信であるとして批判する。ここからベールは様々な命題について自らの主張を展開していく。

『彗星雑考』前半部分において、ベールは彗星に関する迷信および占星術を鋭く批判した。17世紀まで、占星術は多くの為政者に重宝されていた。ベールは天文学者ではなかったものの、この流行を厳しく批判したのである。しかし、だからといってベールは何も占星術に固執していたわけではない。彼の主たる狙いは数のみに依拠する根拠のない諸説の権威を失墜させることであった。その例として、占星術を批判することが最良であると考えた。

占星術の歴史について、20世紀フランスの天文学者であるポール・クーデールは以下のように説明している。

「占星術が長い歴史を持つのは事実で、その起源はまさに先史時代にまで及んでいる。メソポタミアで栄えた頃はもっぱら国家に奉仕するのみだったが、のちギリシア時代になると俗化し（つまり民衆の用を弁ずるようになり）、「天文学」の進歩の波に乗じた。…（中略）…ローマ帝国内に急速にひろがったのち、占星術は「全地球」の征服に乗り出して行く。中世の君侯たちに対するその影響力は圧倒的なものがあった。優れた学者が、十七世紀に至るまで占星術を行った。…」[34]

そして、後に啓蒙主義が発達するフランスにおいても占星術は王族をはじめとする多くの人々を魅了した。ベールは16世紀フランスの占星術について以下のように説明する。

「わが国についてはなんと言いましょうか。迷信的な学に対してはもともと抵抗力が強い国民性からして、他国の宮廷よりはそういう謬見に染まりにくいフランスの宮廷にすら、占星術師がいっぱいいて、事あるたびに相談を受け、どんな事件でも予見したと言われた時代がなかったでしょうか。…（中略）…国王アンリ四世の宮廷でもさかんに予言が行われていたことは動かせない事実だからです。」[35]

占星術は、為政者にとって最も重要な道具の一つだった。戦争における開戦のタイミングを星座との位置関係から調整したり、後継者のホロスコープを行いどのような運命をたどるのかを知ろうとしたりするなど、占星術師が王と同等の権力を持っていた時代もみられる。[36] そして占星術師たちはしばしば、彗星を凶事の前兆と捉えた。彗星という普段はみられない現象があらわれたということは、厄災もしくは大いなる不幸がもたらされると考えたのである。そこには科学的な根拠は存在せず、ただ過去の歴史において彗星出現後に何らかの事件が起きたという事実のみに由来していた。ベールは占星術がその基礎となり、彗星前兆説がもてはやされたと考えたのであった。

3・2 ベールの彗星理解

ベールは『彗星雑考』において、以下の八つの理由で彗星前兆説を否定している。

①「彗星前兆説を否定する理由一――彗星は地上に何物かを生みだす力を持ちそうになきこと」[37]

彗星と地球は遠く離れており、彗星から発せられるどんな作用も地球には届かない。[38]

②「理由二――彗星が地上に何物かを生み出す力を持つとせば、それは禍福のいずれをも生じうべきこと」[39]

仮に彗星が大きな作用を地球に与えるとしても、それは人間に利益ないし不利益をも全く与えない。なぜなら影響するとも影響しないとも、誰もその証明はできないからである。[40]

③「理由三――彗星の個別の予言の基礎となる占星術は、世にも笑うべきものなること」[41]

何の根拠も持たない占星術師の言葉に拠る数々の彗星前兆説をみると、それらは全く信頼するに値せず、過去の事例をみても明らかである。[42]

④「理由四――彗星が事実、多くの不幸を常に伴いたるにせよ、これをその予兆もしくは原因とするいわれなきこと」[43]

彗星があらわれた後に不幸が訪れたというのは、それは彗星によるものではない。彗星が仮にあらわれなかったとしても、起こったことはみな起こったのである。[44] そのように因果をまるで陰謀であるかのように結びつけるのは論理的ではない。

⑤「理由五――彗星の出現後に他の時期よりも多くの不幸を見たりというは誤りなること」[45]

彗星があらわれなかった年にも数多くの不幸が起こっており、また逆に彗星があらわれた年にも幸福が起こっている。[46] 他にも、彗星があらわれた年の不幸よりも、彗星があらわれなかった年の不幸の方が悲惨であることも歴史上確認できるなど、統計的に考えてもこの説は正しくない[47]。

⑥「理由六――諸国民の一般的な確信は、彗星の悪影響を証明するいささかの権威も持たざること」[48]

大多数の人が一般的に認める意見でも間違っていることは多々ある。そのため、たとえ彗星が悪影響をもたらすと一般的に信じられているとしても、その真偽は理性をもって各々が判断しなければならない[49]。

⑦「神学から引き出せる理由七――彗星を不幸の前兆とせば、神は偶像崇拝をこの世に打ち固むるために奇跡を行われたるものなること」[50]

神は奇跡を行って異教徒らにご自身を示す。もし仮に彗星が凶事の前兆であり神の奇跡であるというのであれば、それは異教徒に偽神信仰を促すことになる。なぜなら異教徒は彗星の出現を神の怒りであると捉え、偶像崇拝により一層傾倒するからである[51]。神はそのような不要な行いはせず、その聖性にふさわしいことしかしない[52]。

⑧「理由八――彗星を国難の前兆とするは、異教徒の古き迷信にして、古代を重んずる先入主のゆえにキリスト教中に導入され、温存されしものなること」[53]

異教から改宗しキリスト教徒になった者たちにおいて、以前の宗教の慣習および考え方を完全に捨て去ることはできなかった。そうしたものの一つに彗星前兆説があり、これは万人の内に根を下ろし、キリスト教はその病にかかってしまっているのである。[54]

これらの理由のうち、ベールの自然科学的な考察については、理由一および理由二において最も詳しく述べられている。理由一において、ベールは以下のように指摘する。

「彗星を作る物質について通説が放棄されざるをえなくなって以来、地球の気圏、つまり地球が四方に放つ発散物や蒸気の広がりうる空間が、空気の中層、せいぜい高さ三、四里のところで終わっているというのが哲学者の通説ならば、彗星の気圏が何百万里もの広がりを持つなどとどうして信じられるでしょうか。わずか三十里離れただけで地球にはもうその力がなくなるのに、惑星や彗星は地上にいちじるしい変化を生じさせうるさまざまな性質を地球の上まで生みだせるのはなぜなのか—それは誰にもしかとは答えられますまい。」[55]

1577年にデンマークの天文学者ティコ・ブラーエ[56]によって、彗星が地球磁気圏の内にあらわれないこと、すなわち彗星は宇宙圏内において発生する現象であることが証明された。これによって、16世紀まで通説とされてきたアリストテレスの彗星論[57]が疑わしきものとなった。それらを総合的に判断した結果、ベールは16世紀までの自然科学に照らし合わせた結果、彗星が地球に及ぼす影響は極めて少ないもしくは全くないと考察したのであった。[58]

このようにベールは彗星に関してある程度専門的な知識を持ち合わせていたようではあるが、他の自然科学的な知識には精通していたとはいえないだろう。事実、彗星に対する自然科学的な視点からの考察は前述した箇所以外にほとんどみられない。その考察においてもベールは先人たちの研究から導き出される論理的な回答を示すのみであった。理由三から理由八においてはもっぱら歴史的、経験的および神学的な観点からの考察に基づいている。ベールは彼自身が語りえる分野が哲学と神学であることを客観的に理解していたのであり、それ以外の、特に自然科学においては必要最低限しか語らなかった。それは自分の能力の有限性を正しく認識していたからといえるだろう。

以上のことから、結局のところ、ベールは彗星前兆説に対して、彗星が及ぼす外面的な影響の考察よりも、彗星という現象を人間がどのように捉えるかという内面的な考察を軸としていたのである。

3・3　神と彗星の関係性

ベールは上述した「神学から引き出せる理由七」に対して予想されるであろう3つの反論

を前もって用意していた。

反論一…神が彗星を出現させるのは、異教徒に摂理を知らせ、無神論に陥ることを防ぐためである。[59]

この反論に対して、ベールは神の聖性に着目して回答を著す。曰く、無神論という罪悪に対して、また別の罪悪である偶像崇拝をもって防ごうとする手法は神の慈愛と叡知にふさわしくないのは明白である。[60] さらに、彗星があらわれたという一事実のみでは各人々の基盤となっている宗教観にさほど影響を及ぼさず、それよりもむしろ、人間の世俗的な利害関係の方が無神論の抑止力となっていると考察した。[61]

反論二…彗星は奇跡ではなく、神は非キリスト教徒の間でも奇跡を行う。神は彗星によって自己を知らしめることを欲する。[62]

この反論に対して、ベールは奇跡を二種類に分ける。一つが、人間以上のものが存在することを顕示する、すなわち神の力を知らしめるための奇跡である。[63] これは正しい信仰を必要とし、そのためキリスト教徒の間でしか行われない。[64] もう一つが、啓示を用いて判明でわかりやすい教えによって、間違った信仰を正すための奇跡である。[65] これは使徒が説くことが真実であると客観的に確証する。[66] そして、神がご自身を示す場合、言葉を伴わなければならない。[67]つまり、ベール曰く、彗星は信仰をもってすれば奇跡とはいえず、また信仰がなくとも、言葉を伴わないため同じく奇跡とはいえないのである。

反論三…彗星は自然現象であり、出現後起こる災厄の自然的原因である。

この反論に対して、ベールは神の摂理をもって反論する。神はあらゆる一般法則をつかさどる存在である。[68]この神が彗星を出現させるという一般的摂理の結果に対して、これを不幸の前兆であると捉えることは人間の勝手な解釈である。[69]もし仮に彗星が自然的原因であるならば、彗星の一つ一つの原子は環境に対して意識的に作用しなければならない。[70]それは理性的に考えて、到底考え難いものである。

こうした諸考察こそ、彗星前兆説に対するベール独自の神学的観点である。その根幹にあるのが神の超越性と人間の有限性である。

神は人間に対する絶対者として存在し、ご自身の聖性および無限の叡知に基づいて、神は自然法則を打ち立てられた。それは、創造の摂理に内包されており、神の恵みによって、その法則の一部は人間に明かされているのである。ベールはこの自然法則の構造的理解から物事を分別する良識を得たと確信している。[71]神は絶対者としての神性を被造物である人間に示す時、何らかの作用を動的に及ぼす。それは聖書に散見される様々な奇跡のように人間精神の能力を超えるものでなければならない。そうでなければ、絶対者たる威光を損なってしまうからである。確かに彗星は17世紀においては原因が解明されておらず、ベール自身もその現象自体の扱いは難しいとしている。[72] 神ご自身についてはいうまでもなく、限りある人間の知性では自然科学でさえもすべてを理解することはできないのは当然である。しかし、限定的な人間の知性に照らし合わせても、彗星は奇跡であると呼ぶことはできない。神の超越性が顕在化されていない以上、それは創造の摂理に基づく自然法則に従っているだけの現象であると考えられるのである。そして、ベールは以下のように述べる。

「神学の学校も哲学の学校も、存在や奇跡を不必要にふやしてはならないと教えています。ですからわれわれも、役に立たない仮定は全部しりぞけていいことになります。たとえそれがなんの悪も生みださないとしても。その格率にしたがえば、物事を自然的に説明できる時はけっして奇跡に訴えるべきではなく、神の介入がまったく無駄に見える時、それどころか神の聖性に反すると見える時には、その出来事を生みだすために神が特異なしかたで介入されたと仮定すべきではありません。…（中略）…ましてや、自然の内に起こることを、なんの必要もないのに神の異常な力に帰したりしたら、責められて当然でしょう。」[73]

ベールは、神の神性を傷つけないために、少なくとも人間の有限なる知性において自明であることは、奇跡から分離しなければならないと説いたのである。こうした神と人間の関係性の理解から考えても、ベールは改革派、特にカルヴァン主義における「有限は無限を包括しえない」[74]という概念を念頭においているといえるだろう。

第4章　『彗星雑考』にみられる改革派的思想

4・1　「伝統の権威」の否定

『彗星雑考』では、ベールは「伝統の権威」の否定を何度も繰り返す。冒頭部分において、詩人は妄想甚だしく、また歴史家は支所を飾るために奇跡や神異を捏造すると述べ、こうした人物らが原因で彗星前兆説は広まってしまったと指摘した。[75]

「人が或る説を選ぶ際に、頭の中で起こることを見られないのは残念です。私は確信するのですが、それが見られたら、無数の人の賛同も、結局は二、三人の権威だけに還元されてしまうでしょう。その二、三人が十分検討したと想定される或る説を述べ、あんなに立派な人が言ってるのだからという先入主でほかの多くの人が信じこみ、その人たちの影響でさらに多くの人が、生まれつきの怠けぐせから、入念に検討するより言われたことを鵜呑みにした方が得だと思ってそれになびき、こうして、軽信的で怠情な信奉者の数が日ましにふえ、…（中略）…こうして、もはや何事にも検討せずにただただ伝承におんぶするのが価値あることとされたわけです。」[76]

このように、ベールはある説が人々になぜ受け入れられ、広まり、伝承されるのかを説明した。ある程度の権力を持っていた17世紀までの占星術師たちが作り出した彗星前兆説は詩人や歴史家をはじめとして多くの人々に伝承され、それが一般的な説となってしまったのであった。人間が本性的に堕落していることを指摘し、こうした「伝統の権威」は成立することが困難であるとした。

またこれらを始点として、ベールは徐々にカトリック批判へと議論の場を移行させる。

「また、古くからある宗教的な謬見を叩く際は、よほど慎重に手加減しながらすべきだということも確かです。その種の事柄について、『民衆に知らせる必要がないばかりではなく、反対のことを信じさせておくほうが便利であるような真理も多い。』と誰かが言っているのもそのためです。そう思わない政治家や、宗教家はまずいないでしょう。それでも私は、キリスト教が求める慎重な態度をとりつつも、万事について真理を明らかにするよう努めることは許されるべきだと言いたいのです。」[77]

これは17世紀末のフランスのカトリック体制を揶揄しているものといえるだろう。ガリカニスムを掲げ、カトリシズムを推し進める当時のフランスにおいて、各人が自らの信仰を吟味する余裕はなかった。改革派に対する弾圧政策やドラゴナートによる改宗の強要は、結局のところ、為政者のため、すなわち絶対主義の強化という目的のための手段に過ぎなかった。各人の信仰に基づく真理を追求できないもどかしさがそこにはあらわされている。

そして続く以下の、ミヌキウス・フェリクスの『対話篇』[78]の一文を引用して、ベールはカトリックを痛烈にする。

「…カエキリウスは実に雄弁に次のように言っているからです。『自然においてはすべてが不確かだから、いちばんいいのは、真理の預かり手としてご先祖の信仰を固く守り、伝承が教えた宗教を告白し、父母が正確な知識を与える前にそれを恐れる習慣をつけさせてくれた神々を崇め、神々の本性については何もきめずに、世界が誕生した時、その神々を恩人または王として持つ栄誉を担った最初の人間の説に従うことだ。』この原理は俗見とまことにうまく調和するので、みな遅かれ早かれそこにやってきます。異教徒がキリスト教をやっつけるためにこの原理を用いた時はそれを認めようとしなったカトリック教徒も、改革者［プロテスタント］に対してはそれを用いました。」[79]

カトリックは他宗教に対しては「伝統の権威」を認めないのにもかかわらず、改革派に対してはそれを最大の武器として攻撃する。このような矛盾をはらんだ手法を用いるカトリックを、先に述べたカトリック体制への揶揄から大きく進んで、ここでは痛烈に嘲ったのであった。カトリックが基盤とする「伝統の権威」がいかに脆弱であり、改革派が迫害されるような理由はどこにもみあたらないということを暗に主張しているだろう。

彗星前兆説をはじめとした数のみに依拠する様々な権威を原理的に批判するために、ベールは徐々に論理を展開していった。この論の最終的な目的は、「伝統の権威」と「自らの真理」の対立構造を示すことにある。これはいい換えるとカトリックとプロテスタント（改革派）の対立構造でもある。ベールは、カトリックの「伝統の権威」に対して、信仰に基づくキリスト教的理性から導き出された「自らの真理」を基盤にすることを説いたのであった。これは改革派において至極当たり前の論理であったが、ベールにおいてはカトリック体制を批判するのみならず、世俗的な世界に関しても「伝統の権威」という矛盾をとる種々の言説がカトリシズム的性格を持つことに焦点をあてる。これはすなわち、カトリックの原理的な危うさを的確に批判する目的意識から出発しているといえるだろう。

4・2 人間の本性的な堕落に対する恩寵

『彗星雑考』本文中において、「伝統の権威」批判と同等もしくはそれ以上にベールが力を入れて論じたのが、偶像教徒と無神論者における比較論であった。ベールによると、偶像教徒は無神論者よりも罪が重い。なぜなら、後者はただ単に神を知らないのみ、それはいってしまえば純粋な無知であるのに対し、前者は神という存在を認めるにもかかわらず神ではない他の何かを崇拝しているためである。[80] 教父による偶像崇拝の断罪[81]、偶像教徒の誤った神認識から生じる罪[82]、また偶像教徒の回心がより困難であることなど[83]を無神論者のそれと比較して列挙している。ベールはこの偶像教徒をカトリックと捉える言説をしばしばみせている。「恥ずべき人物を神格化するのはそれと同様、ないしそれ以上の大罪である」[84]という言葉にもみられるように、教皇を一般信徒の上位におくカトリックが本質的に偶像崇拝であるとベールが考えているのは疑いようのないことである。

こうした比較論は一見、無神論者の擁護と捉えられる可能性があるが、ベールはそれを否定する。ベールは、無神論者は偶像教徒よりもただ罪が軽いのであって、その者たち自体はみな「戦慄すべき呪いと遺棄の状態」[85]であるとする。

このベールの論理の背景を支配しているのは、人間の本性的な堕落という概念である。ベールは人間の行動原理を次のように説明する。

「人間の行動の真の原理は（聖霊の恩寵が十分奏功的にはたらいている人は別ですが）気質とか、快楽への自然的な傾斜とか、或る種の事物に対する身についた好みとか、誰かに気にいられたいという欲望とか、友達づきあいで得た習慣とか、その他、生まれた国や頭につめこまれた知識とはかかわりなしにわれわれの本性の奥底から由来するなんらかの心的傾向にほかならないということです。」[86]

神やその摂理を認識するにもかかわらず、人間的な弱さを露呈するのである。このように自由意志が抑制されない場合においては、人間は神と表面的な和解しかできない。われわれを支配する情念は、「神殿を建てさせたり、犠牲を捧げさせたり、祈らせたり、その他これに類することを行わせることはできるものの、罪深い色事をやめさせたり、不当に手に入れた財を返させたり、現世的な欲望を抑えたりすることはでき」[87]ないのである。

この人間理解を用いると、様々な行為は、たとえそれが一般道徳的にみて善事を行うものであったとしても、救済においては全く意味をなさない。

「自分が持つ神の本性についての認識を正しく用い、その動機に助けられて情念の激発を抑えたような異教徒がいたことを、私は否定しようとは思いません。しかし、その動機になんらかの効力があったのは、もともと情念が非常に穏やかだったためで、謹厳な性行で衆にぬきんでたいという気持や、体をもっと丈夫にしたい、人にもっとほめられたい、もっと儲けたいという気持があれば、ああいった助けがなくても情念を抑制できた可能性が強いのです。」[88]

すなわち、情念の性質が違うだけであって、本質的には何ら変わりない。人間の原罪から生じる悪は乗り越えることができないのである。

このような人間の本質を説いた上で、ベールは恩寵の必要性を強調する。人間が理性的な行動をとり、善き人であろうとする真の理由をベールは恩寵に帰する。すなわち、人間は聖霊の恩寵によってはじめて堕落を抑制できるのである。[89] それは改革派的な予定の教説に基づく。神によって選ばれている者は、聖霊の恩寵を賜りかつその奏功によって自らのすべき行動をとる。プロテスタンティズムにおける「信仰即行為」をベールは恩寵に由来すると捉えたのであった。この論理は裏返してみれば、恩寵に基づかない善行および道徳的行為を一切認めないという考え方ともいえるだろう。選ばれなかった者たちは非恩寵的な行動に終始し、信仰に基づかない道徳行為を切り捨てるという、ある種の排他的な人間理解は、改革派的論理をより先鋭化させたものであった。

以上、まず比較論においてカトリックを批判し、その後人間の行動原理を論じて改革派を補強するという典型的なプロテスタント的手法がそこにはあらわされていたのであった。

第5章　結論

以上、ピエール・ベールの生涯をたどるとともに、『彗星雑考』を通して彼の人間理解および改革派的思想を明らかにした。本稿における彼の論理は以下の二点に要約される。

一点目が、彼自身の改宗と再改宗という信仰の変遷を通して、真理とは各人がそれぞれ検討するものであり、普遍的な正しさを人間は判断できないと理解したことである。一人の個人として神の御前に立ち、信仰のもとに真理を確立せねばならない。

二点目が、ベールの生きた17世紀後半のフランスにおいてはカトリックの権威が頂点に達していたが、その無謬性は立証されえないということである。すなわち、カトリックの主張する「伝統の権威」は原理的に脆弱である。また堕落した人間において最も必要であるのは神の恩寵に由来する信仰である。

こうしたベールの論理は後の著作である『ルイ大王のもと、カトリック一色のフランスとは何か』および『〈強いて入らしめよ〉というイエス・キリストの言葉に関する哲学的註解』らにおいて示される寛容の請願へと帰着する。それは当時のフランスにおいて改革派がカトリックに弾圧されていたという時代背景が第一にあったことは間違いない。カトリックを批判することによって、改革派に対する宗教的寛容を求めたのは事実であった。しかしそれと同様に、ベールは人間の限界性という観点からの寛容も求めたのである。上述したように、人間という存在は絶対的な真理にたどり着けず、また原罪によって堕落している。したがって、人間が人間の上に立つことはできない、ただ神のみが人間にとっての絶対者である。それは国家や宗教においても複数主義が認められてしかるべきである。それにもかかわらず迫害といった過ちを犯す人間の理性は、もはや信頼足りえないという見解をベールは導き出した。これは、従来指摘されていた理性の光に依拠する「啓蒙主義の先駆者」ではなく、人間の理性を信用しない「ポスト啓蒙主義者」としての姿が内在しているのではないだろうか。すなわち、悲観的な人間理解を背景に持つ寛容概念へとつながるのである。ベールが改革派的立場を保持しつつもどのようにして寛容の精神を説いたのか、また理性の限界を感じたベールが導き出した答えに対して現代のキリスト教徒がどのように応えるべきか、これらを今後の研究課題としたい。

〈脚注〉

1 本稿における改革派とは、主にカルヴァンの影響を受けたプロテスタント教会を指す。１５５５年からフランス王国内に結成されたプロテスタント団体はカルヴァンの霊的福音主義的指導のもとに教会を創設した。これがフランスにおける改革派の原点である。１５５９年、パリにおいて第一回全国教会会議が開かれ共通の信仰告白を規定した。教理の特徴として、何よりもまず神の言としての聖書が権威の座を有する。さらに神の超越性、主権、栄光、自由、人間との質的差異が思想の根幹をなし、啓示媒体としての神の言、イエス・キリスト、聖書、教会が強調される。それと関連してカルヴァンにおける予定の教理がこの派の基調を形成している。

2 現在のアリエージュ県カルラ＝ベイル村にあたる。

3 セダン公国…現在のフランス北東部、アルデンヌ地方のスダンを首都として存在した小国家。１５６０年から１６４２年まで独立国家としての地位を保った。16世紀中頃に領主がプロテスタントへと改宗し、１５６０年にフランスから独立してセダン公国となった。以後、１６４２年に再統合されるまでユグノーの逃避先の一つとなった。ベールは当地のセダン・アカデミーに勤めていた。

4 ピエール・ジュリュー…フランス改革派の牧師、神学者。１６３７年12月24日、フランスのメール（現在のロワール＝エ＝シェール県にある）の牧師の子として生まれる。祖父は17世紀前半のフランス改革派の指導者的神学者ピエール・デュムーランにあたる。ソーミュール大学、セダン大学で学んだ後に神学博士の学位をとり、さらにオランダ、イギリスの諸大学にも遊学した。帰国して1674年まで牧師として従事した。1674年からセダン大学の神学教授となり、1681年に同大学が強制閉鎖に追い込まれてからはオランダのロッテルダムに亡命し、同地のフランス語教会の牧師と、新設された市立大学の神学教授を兼任した。1680年代以降、迫害のもとにあるプロテスタント陣営の最大の理論家として無数の攻撃文書やカトリック系学者との論争書を著わした。また同時にベールなどが唱える普遍的寛容に反対し、政治権力によるローマ教会の打倒を追求する別個の路線を主張した。ナント勅令廃止後は亡命プロテスタントの就職斡旋やフランス国内のプロテスタントによる軍事的な諜報網を組織するなど多面的な活動を展開した。1713年1月11日死去。

5 この本において、各人の良心は神の声を伝えるものであり、世俗君主がそれに干渉する権利は持たず、信仰の正当性を客観的に証明できない以上、各人の良心が命ずる信仰を持つのは自由であるとベールは説いた。この目的は王権に宗教的寛容を請願することであり、こうした主張は抵抗運動によって王権打倒を目指すジュリューらの強硬派と対立した。

6 信仰至上主義…信仰の独自性および至上性を主張し、教義を宗教的感情の象徴として認識する。

信仰主義ともいう。

7 フランスにおける改革派およびカルヴァン派信徒の総称。

8 日本基督教協議会文書事業部キリスト教大事典編集委員会編『キリスト教大事典』教文館、１９６３年、７７４頁。

9 同上。

10 同上。

11 同上。

12 同上。

13 ガリカニスム…フランスの教会独立主義。フランスのカトリック教会はローマ教皇の権力のもとになく、それとは独立にそれ自身の権利を持つとし、ガリア教会の自由（liberté de l' Église Gallicane）を擁護する立場をいう。

14 千葉治男著『ルイ14世 フランス絶対王政の虚実』清水書院、１９８４年、１２９～１３０頁。

15 S・ムール著、佐野泰雄訳『危機のユグノー――17世紀のプロテスタント――』教文館、１９９０年、２５７頁。

16 同上、２７５頁。

17 同上、３５０頁。

18 同上。
19 同上、351頁。
20 同上、351〜352頁。
21 再転落者…プロテスタントからカトリックに改宗した後、再びプロテスタントに舞い戻った改革派信者を指す。ベールが再改宗した時点では、「再転落者」はフランスから追放される罰則規定が定められていた。そのため、ベールは書簡においてしばしば偽名を使った。
22 ピエール・デ・メゾー著、野沢協訳『ピエール・ベール伝』法政大学出版局、2005年、11頁。
23 同上、19頁。
24 同上、20〜21頁。
25 同上、36〜38頁。
26 同上、41〜42頁。
27 『フランスへの近き帰国につき、亡命者に与うる重大なる忠告。1690年のお年玉として一亡命者に呈す』…1690年末に出版された本。フランス国内の改革派迫害から逃れて国外へ逃亡したユグノーへ向けて書かれた。王族を筆頭として国内では改革派への態度が軟化し、迫害が弱まると噂されていたことを述べ、亡命者に対してフランスへと帰国する際の注意点を書き上げた。この文書はベールの友人が書き上げ、ベールが手直ししたとされるのが通説であるが、未だ確証は得られていない。亡命者に対する誹謗文書であるこの本はオランダのハーグで秘密出版されたが、たちまちに多くの批判的な回答が出された。

28 デ・メゾー『ピエール・ベール伝』、119~122頁。

29 ジュネーブの商人グーデによる講和案。ヨーロッパの各君主、各国家に保有すべき領土を指定した。グーデはベールにこの原稿を送付し、彼の手直しを期待したがベールはこの原稿を一切読まなかった。ベール自身原稿を読むのが好きではなく、読んだ人の評価が芳しくない上他の多くの仕事が残っていたためである。ベールはこの原稿を製本するつもりがなかったが、書店からの要望もあって出版する運びとなった。しかし結局、モンス包囲戦の影響により、出版されることはなかった。

30 デ・メゾー『ピエール・ベール伝』、125~130頁。

31 同上、145頁。

32 互いに相容れないベールとジュリューであったが両者ともに17世紀フランスにおける改革派の中心的な人物であることは認めなければならない。改革派の護教家として、両者は同じ目的を持っていたといえる。今日では、迫害される改革派の代表的イデオローグとしてのジュリューは忘れ去られている。単なる狂信的なベール迫害者ではなく、改革派に立脚する熱烈な護教家としての彼の姿を忘れてはならないだろう。

33 デ・メゾー『ピエール・ベール伝』、92頁。

34 ポール・クーデール著、有田忠郎・菅原孝雄訳『占星術』白水社、1973年、70頁。

35 ピエール・ベール著、野沢協訳『ピエール・ベール著作集　第一巻　彗星雑考』法政大学出版局、1978年、46〜47頁。

36 同上、42、47頁。

37 同上、28頁。

38 同上。

39 同上、34〜35頁。

40 同上。

41 同上、36〜38頁。

42 同上。

43 同上、49〜50頁。

44 同上。

45 同上、50〜51頁。

46 同上。

47 同上。

48　同上、78頁。

49　同上、93～99頁。

50　同上。

51　同上。

52　同上。

53　同上、122頁

54　同上。

55　同上、28頁。

56　ティコ・ブラーエ……1546年～1601年、デンマークの天文学者。彗星の距離測定他、月の運動速度の不定性、惑星の位置観測など多くの記録を残し、後にケプラーが惑星の運動法則を導く材料となった。

57　アリストテレスは『気象論』第一巻において、彗星に関する見解を示した。それまでの時代、彗星は惑星の一つであるという考え方が一般的であったが、アリストテレスはそれは天文現象ではなく気象現象の一つであるとした。その理由としては、通常惑星は黄道帯の内に逆行するのに対し、彗星はそのほとんどが軌道の外にみられること、また仮に彗星が惑星であり反射によって尾を引くのであれば、時には尾無しの状態であらわれることがなければならないことを指摘した。またその発生原因について、以下のように考察した。すなわち、地表から遠く離れた大気の上層部では温度が高く、乾燥した蒸気が集まり、そこではしばしば炎が燃え出す。そして地表からの蒸気と相まって、燃え出した天体が程よい強さを保ち続ける時、これがいわゆる彗星になると理解した。

58 当時の宇宙観において、コペルニクスの『天体の回転について』が発表されてからおよそ100年がたち、1619年にヨハネス・ケプラーによるケプラーの法則が発表され、天動説に代わり地動説が有力になっていった。このような宇宙科学の進歩もベールに影響を与たことは事実であろう。

59 ベール『彗星雑考』、172頁。

60 同上、176〜177頁。

61 同上、179〜182頁。

62 同上、324頁。

63 同上、340〜341頁。

64 同上。

65 同上、341〜342頁。

66 同上。

67 同上。

68 同上、352〜353頁。

69 同上。

70 同上、359〜360頁。

71 同上、363頁。

72 同上、344頁。

73 同上、347〜348頁。

74 「有限は無限を包摂しえず」…この概念は主にカルヴァンにおけるキリストの「属性の交流」についての教理に基づく。H・G・ペールマンの『現代教義学総説』によると、伝統的なルター派神学は、キリストにおける神の共在性から始まる一方で、伝統的な改革派神学においてははるかに神の超越性への規定から始まる。すなわち改革派においては、いわゆるカルヴァン主義的外部（ロゴスが肉の中に入っても、ロゴスは肉の外部にとどまり、肉はロゴスの外部にとどまる）の存在が明らかである。この肉とロゴスに距離をおくことは「有限は無限を包摂しえず」という概念にあらわされている。これはカルヴァン主義的な思考法の鋳型でもあり、様々な教理の背景に存在している。

75 ベール『彗星雑考』、21〜25頁。

76 同上、25頁。

77 同上、148頁

78 『対話篇』（オクタ―ウィウス）…三世紀の護教家ミヌキウス・フェリクスによって著された。教養ある異教徒に宛てた対話形式のキリスト教護教論である。キケロの対話形式を模倣した典雅なラテン語で書かれ、キリスト教を弁護するオクタ―ウィウス、異教を弁護するカエキリウス、二人の議論を裁定するミヌキウスの三人が、ローマからオスティアまで歩きながら議論し、最後に説得されたカエキリウスが改宗するという設定になっている。また、一般的に現存する最古のラテン語によるキリスト教文献とされる。

79 同上、203頁。

80 『彗星雑考』、210～213頁。

81 同上、188頁。

82 同上、189～191頁。

83 同上、192頁。

84 同上、212頁。

85 同上、309頁。

86 同上、218頁。

87 同上、208頁。
88 同上、234頁。
89 同上、471頁。

〈文献目録〉


日本基督教協議会文書事業部キリスト教大事典編集委員会編『キリスト教大事典』教文館、１９９５年。

キリスト教人名辞典編集委員会編『キリスト教人名辞典』日本基督教団出版局、１９８６年。

泉治典・村治能就訳『アリストテレス全集５』岩波書店、１９６９年。

S・ムール著、佐野泰雄訳『危機のユグノー――17世紀のプロテスタント――』教文館、１９９０年。

H・G・ペールマン著、蓮見和男訳『現代教義学総説　新版』新教出版社、２００８年。

ピエール・デ・メゾー著、野沢協訳『ピエール・ベール伝』法政大学出版局、２００５年。

ピエール・ベール著、野沢協訳『ピエール・ベール著作集　第一巻　彗星雑考』法政大学出版局、１９７８年。

ピエール・ベール著、野沢協訳『ピエール・ベール著作集　第二巻　寛容論集』法政大学出版、１９７８年。

ポール・クルーデル著、有田忠郎・菅原孝雄訳『占星術』白水社、１９７３年。

Pierre Bayle, Pensées diverses sur la comète : Intoruduction, notes glossaire, bibliographie et index par Joyce et Hubert Bost, Flammarion, Paris, 2007.

Pierre Bayle, DE LA TOLÉRANCE : Commentaire Philosophique（Édité par Jean-Michel

Gros）, Honoré Champion Éditeur, Paris, 2014.

カール・バルトの宗教批判の視座から見た ルードヴィヒ・フォイエルバッハとカール・マルクスの 宗教批判に関する一考察

鉄村沙和弥（てつむら　さわや）
一九九六年四月一七日生まれ
現在、同志社大学　神学部　神学科
大学で組織神学、特にカール・バルトを中心に学ぶ

【本論稿の目次】

第1章　序論

本稿では、カール・バルト[1]（Karl Barth：1886年5月10日―1968年12月10日）、ルードヴィヒ・フォイエルバッハ[2]（Ludwig Feuerbach：1804年7月28日―1872年9月13日）、そしてカール・マルクス[3]（Karl Marx：1818年5月5日―1883年3月14日）の宗教批判について取り上げる。それぞれの宗教批判の特徴を端的に表現すると、カール・バルトは宗教の止揚（Aufhebung）としての宗教批判、ルードヴィヒ・フォイエルバッハは神学の人間学化への転換としての宗教批判、カール・マルクスは宗教の廃棄としての宗教批判である。[4]ここで批判される宗教とは、キリスト教のことで、より具体的にいうと、フリードリヒ・シュライエルマッハー[5]（Friedrich Schleiermacher：1768年11月21日―1834年2月12日）以後のプロテスタント自由主義神学である。これは、フォイエルバッハが『キリスト教の本質』の中で、シュライエルマッハーとの連続性について言及しており、マルクスはフォイエルバッハの宗教批判に影響を受けていることからも明白である。カール・バルトは、自由主義神学との対決を意識して『ローマ書講解』[6]を著した。したがって、三者は自由主義神学に対する自らの立場を、宗教批判という形で表している。この点に関して、アリスター・マクグラス[7]（Alister Edgar McGrath：1953年1月23日―）は次のように述べている。「バルトはフォイエルバッハやマルクスの線上にある宗教批判を承認する」[8]。

全体の流れとしては、カール・バルトの宗教批判を見た後に、カール・バルトの視座からルードヴィヒ・フォイエルバッハとカール・マルクスの宗教批判について考察していく。第2章では、カール・バルトの宗教批判について検討する。人間の発明した宗教に対する批判を通じて、バルトは宗教の止揚としての宗教批判を行った。第3章では、カール・バルトの視座からフォイエルバッハの神学の人間学化としての宗教批判について考察してみる。神学の人間学化の核心は、「イエス・キリストによる救済」を「Xによる救済」へ転換することにある。そしてその思想的背景に「属性の交流」[9]に対するフォイエルバッハの独自の解釈があることを明らかにする。第4章では、カール・バルトの視座からカール・マルクスの宗教の廃棄としての宗教批判について考察してみる。カール・マルクスの否定した神というのは、キリスト教の神とは異なる神である。そして、宗教の廃棄としての宗教批判は、無神論[10]という新たな人間の発明した宗教の土台となったことを明らかにする。

第2章　カール・バルトの宗教批判

カール・バルトの宗教批判が人間の発明した宗教に対する批判だという点は、フォイエルバッハとマルクスと同様であるとマクグラスは考えている。マクグラスはカール・バルトの宗教批判について次のように述べる。「このアプローチが展開しているのは、宗教が純粋に人間の作ったものであって、しばしば神の前での反抗の行為であるという思想である。ここでは宗教は人類の側から神へと上昇していく探求であると見られている。これは神の自己啓示[11]と鋭い対照をなす。神の啓示は宗教が人間のこしらえごとであることを暴露する。……こうしてバルトはフォイエルバッハやマルクスの線上にある宗教批判を承認する。それはまさに、彼がこうした批判が宗教という人間の発明に向けられていると信じているからである。バルトにとって宗教は、神がキリストにおいて認められるべきであるのなら排除されなければならない妨げである。最悪の場合、宗教は偶像崇拝になる。というのも、宗教においては人は人が作ったものを拝むようになるのだからである」[12]。富岡幸一郎[13]（1957年11月29日―）の次の指摘も見逃してはならない。「バルトの宗教批判は、もちろんキリスト教の優越性を際立たせるための諸宗教の批判ではない。むしろ、それは人間の敬虔[14]や信仰心といった内面的なものに依存する近代キリスト教批判であったが、しかしバルトは宗教を脱して、非宗教的にキリスト教を受け止めればよいなどと語っているわけでは全くない」[15]。

バルトの宗教批判について、『ローマ書講解』に基づいて考察していくが、『ローマ書講解』

全体を貫く思想は何か。バルトは「第二版への序」で次のように述べている。「もしわたしが『体系』を持っているとすれば、それはキルケゴールが時と永遠の『無限の質的差異』と言ったことを、わたしがその否定的、肯定的意味においてできるだけしっかりと見つめることにおいてである、と。『神は天にあり、汝は地上にいる』。この神のこの人間に対する関係、この人間のこの神に対する関係が、わたしとっては、聖書の主題であると同時に哲学の全体である」[16]。このように、神は神で、人間は人間であるという神と人間の質的差異が本書を貫いている。人間は神に到達することはできず接近することができるのみだが、到達しようと試みる不可能の可能性に挑む存在であり、それがバルトの考える本来的な神学である。他方、不可能の可能性から目をそらし、「神と人間の質的差異」を解消し、人間が神へ到達可能と考え、人間が自らと神を同一視し、あるいは人間が神を発明するのがバルトの否定する「宗教」である。バルトは「宗教」の非本来的な在り方を次のように述べている。「すべての『キリスト教的』な存在が、救いの音信にかかわっているわけではなく、それは人間的な付加物かも知れず、危険な宗教的残滓であり、嘆かわしい誤解かも知れないであろう。それは要するに、空洞である代わりに内容、凹である代わりに凸、マイナスである代わりにプラス、欠如と希望の表現である代わりに所有と存在の表現であろうとするからである。キリスト教的な存在が、右に挙げたようなものであろうとするなら、キリスト＝教は、キリスト者＝教となり、復活の此岸で、自己の中で揺れ動くこの世の現実との平和協約となり、あるいはたかだかそれとの協調的態度にすぎないものとなるであろう。だとすれば、それは神の力とはもはや何のかかわりもないであろう」[17]。

バルトはこのように「宗教」を批判しながら、それでも人間は宗教から逃れられない存在であることについても述べている。「宗教が置かれている真の危機は、宗教が、『人間が生きているかぎり』人間によって振るい落とされることができないだけではなく、ふるい落とされるべきでもないということにおいて成り立つ……。まさにそうなるのは、宗教が人間としての人間の（この人間の）特徴をよく表すからであり、まさにこの宗教において人間の可能性が神の可能性によって制限されているからであり、また、われわれが〈ここに神は存在しない、しかしわれわれは一歩も先に進むことができない〉という意識をもって、この人間の可能性の下で停止し、そこに留まらなければならないからであり、それはこの可能性によって言い表されている限界の彼岸で神がわれわれに出会うためである。神の否から神の然りへの転回が、この最後の所与の廃棄において成就するなら、このような最後の所与を避け、それをこのようなものとして除去し、一つの他の所与と取り替えようと望むことは、われわれにとって問題になることはできない」[18]。ここで「廃棄」と訳されている箇所は、英語では「dissolution」[19]で、原文のドイツ語では「Aufhebung」[20]である。これらの語のニュアンスについて、マクグラスは次のように述べている。「廃棄」や「dissolution」と訳されたドイツ語は「Aufhebung（揚棄）であるが、……これは両義的な言葉であって、二つの基本的意味を持っている。つまり『取り去る』と『高める』である」[21]。日本語訳や英語訳では「取り去る」というニュアンスを強調する形で訳されているが、筆者は「高める（持ち上げる）」のニュアンスの方がバルトの意図を正確に理解できると考える。というのも、ゴルゴタ[22]において宗教は「高める（持ち上げる）」という意味で、破棄すなわち止揚（Aufheben）されたからである。「ゴルゴタにおいてすべての人間の可能性と共に宗教的な可能性もまた神に献げられ、犠牲とされる。『律法の下に置かれた』（ガラテヤ書4・4）、イスラエルの真剣で敬虔なすべての者と共にバプテスマ[23]のヨハネ[24]の悔い改めのバプテスマを受けたキリスト［マルコ福音書1・9―11］、すなわち預言者、賢者、教師、人間の友、メシアである王が死ぬ。それは神の子が生きるためである。ゴルゴタは律法の終極点であり、宗教の限界である」[25]。富岡幸一郎はここで「献げられた」のは、宗教的な供儀とは意味合いが異なることについて強調する。「キリスト教では、このイエス・キリストの十字架上の死を、人類の罪を贖ったものであるとする。犠牲の羊の血による贖いということをいう。しかし、この説明は誤解を与える危険がある。ゴルゴタにおいて人類の贖罪のためにキリストが犠牲になったというとき、そこには宗教儀礼としての供儀を連想させるものがあるからである。しかし、そこで『神に献げられ』たものは、むしろ供儀という言葉に代表される『宗教的可能性』なのである。『贖罪』ということを正確にいうならば、バルトがいうように、そこで『あらゆる人間的可能性と共に宗教的可能性』が潰え去ったということである」[26]。

ゴルゴタにおいて、人間的可能性、つまり宗教的可能性は神に否を突き付けられたが、この否によって人間は神の然りに参与できるという弁証法をカール・バルトは『ローマ書講解』において明らかにしている。「神の否という重荷を自ら負う人たちは、より偉大な神の然りによって支えられる」[27]。「われわれの出会う否は、神の否である。われわれに欠けているものが、われわれを助けるものでもある」[28]。「神の道において出会う人たちは、互いに分ち合うべきものを持っている。ある人は、他の人にとって何ものかでありうる。しかしもちろんそれは、かれがその人に対して何ものかであろうと意志することによってではない。だから、たとえば決してかれの内面の豊かさによるのではない。彼が現にあるところのものによるのではなくて、まさに、彼が現にないところのものによって、彼の欠乏によって、彼の嘆きと望み、待つことと急ぐことによって、かれの存在の内にあって、彼の地平を超え、彼の力を超えるある他者を指し示すすべてのものによってである。使徒とは、プラスの人間ではなく、マイナスの人間であり、このような空洞が見えるようになる人間である。そのことによってかれは他の人たちにとって、何ものかである。そのことによってかれらに恵みを与える」[29]。

バルトは『ローマ書講解』の最後の章で神学について次のように述べている。「神学は無限に多くの企図をもち、最高の成果を確信して、全く何の企図もなく現れなければならないし、どのようなありそうな成果そのものをも決して承認するわけがない。自らの人間の究極の冒険ではあるが、神学は、人間のすべての冒険が示威行為であり比喩でありうるにすぎないということをしっかりと目の前に保持していなければならない。しかし神学は現にそうであるとおり、まさにこのような究極の冒険として、『神の救済の音信に対する聖なる奉仕職』として存在する。もし神学がそういうものでないなら、もし神学が、あえて現にある通りでないなら、やっと明日になってからではなくてむしろ今日にも清算した方がよいだろう」[30]。

本章についてまとめてみる。バルトの宗教批判は、人間の発明した宗教に対する批判である。これをいかに発展させていったか。バルトは、人間の発明した宗教においては、「神と人間の質的差異」が解消され、キリスト教から異教や偶像崇拝を生み出しうると考える。しかしながら、人間は宗教から逃れられない存在であるため、人間が発明しない宗教、つまり人間学によらない宗教が求められる。これが後に弁証法神学[31]（危機神学、神の言葉の神学）と呼ばれるもので、バルトはその萌芽を『ローマ書講解』において論じている。つまり、バルトは人間が神を論じ、宗教的可能性に満ちた自由主義神学[32]を止揚することで、後に弁証法神学と呼ばれる神の言葉に基づいた神学を形成したわけである。人間の発明した宗教に対する批判を通じて、バルトは宗教の止揚としての宗教批判（それは啓示の再発見になる）を行ったといえる。

第3章　カール・バルトの視座から見たルードヴィヒ・フォイエルバッハの宗教批判

フォイエルバッハの著作である『キリスト教の本質』[33]の内容は次のようなものである。本書は二部構成となっており、第一部では積極面から、第二部では消極面から、宗教の本質が人間性の本質に基づくもので、神は人間の自己疎外にほかならないことを明らかにしている。そして本書の結論は、神学は人間学であるということである。

カール・バルトは、「属性の交流」の文脈でフォイエルバッハについて次の指摘をする。「いまやプロテスタント神学者としてのわれわれにとって特に考えさせられる事柄は、フォイエルバッハが彼のキリスト教解釈に対して、例えば彼の神学的な同時代人ではなく、むしろ事もあろうにルター[34]を特に好んで引き合いに出したことである。第一に、彼はルターの信仰概念を引き合いに出したが、そこにおいて信仰は神的実体の性格を獲得しており、時にはわれわれのうちなる『神性の創造者』と呼ばれ得た。それに続いて何よりもまず、彼はルターのキリスト論と聖餐論[35]を引き合いに出した。ルターは天才的な誇張でもって、神は天上にではなく地上で、人間イエスのうちに求められるべきであり、他方でキリストの神人性は実体的に聖餐の構成部分の中に求められるべきであると教えた。そしてルター派正統主義[36]は、この天才的な教説を尊厳ナル類ニオケル属性の交流（communicatio idiomatum in genere majestatio）の教義のうちに確定したが、その教義によれば神的栄光、全能、遍在、永遠性などの述語は、まさにイエスの人性それ自体に、抽象的ニ（in abstracto）、帰さなければならず、ルター派正統主義はこのことを人性の『神化』[37]（Apotheose）と呼んだ。これは根本的に上と下の、神と人間の逆転の可能性を明らかに意味していた」[38]。バルトがフォイエルバッハの文脈で「属性の交流」について論じているのは、「有限は無限を包摂しえず」（カルヴァン）の立場から、フォイエルバッハの「属性の交流」理解が心理主義に解消され、「神と人間の質的差異」、つまり外部性が消失していると考えているからである。「属性の交流」における伝統的改革派神学の理解は超越的である。「有限は無限を包摂しえず（finitum non est capax infiniti）」である。他方、伝統的なルター派神学は内在的である。「無限を包摂する有限（finitum capax infiniti）」である。[39]こうしたルターの内在的理解においては神と人間が等置になりうる。そして、ルターの内在的理解から、哲学的に神の内在化の転換を成し遂げたのがフォイエルバッハである。バルトがフォイエルバッハの文脈で「属性の交流」について論じる意図は、このことを示すためにあると筆者は考える。

ルターとフォイエルバッハの差異は以下のように整理できる。ルターの「属性の交流」の内在的理解においては、超越性は保持されていたが、フォイエルバッハの神の内在化[40]の転換においては、超越性が消滅した、と。

ルターの「属性の交流」について北森嘉蔵[41]（1916年2月1日―1998年9月29日）は次のように説明している。「ルターのキリスト論において最も特色のある考え方は、いわゆる『属性の交流』（communicatio idiomatum）の教説である。キリストにおける神と人間との人格的統一によって、神の属性と人間の属性とが相互に交流するという説である。……われわれはルターのキリスト論のモティーフを、彼の救済論から導き出さねばならない。ルターのキリスト論は決して形而上学[42]的興味から展開したのではなかった。たしかにルターのキリスト論において、神性と人性とがいかにして統一されるかというように、『いかにして』（How）の問題に思弁が趨ったことも認めねばならない。……しかし『いかにして』（How）についての思索は、あくまで副次的なものであり、ルターにとって第一義的な関心事は救済が『何』（What）を意味するかということにあった。この『何』がルターのモティーフであった。―それではそのモティーフとはいかなる内容のものであったか。ルターにとって救い主

＊イエス・キリストは、人間と徹底的に連帯的になりたもうた神であった。まことの愛は、他者の立場そのものにまで成るのである。たとい愛と称しても、自己が他者と別の立場に立っている限り、真実の愛とは言えない。イエス・キリストの人格において、鉄と火とが一つになるように、神性と人性が統一されるという命題も、決して形而上学的実体論としてではなく、神学的人格論として受け取られねばならないのである。このモティーフが『属性の交流』という理説にまで展開したときは、What から How にまで発展して、いささか形而上学化したことも認めねばならない。しかしそのときにも本来のモティーフは、救いにおいて示された神の愛という人格的なものにあったことは、これまた承認しなければならないであろう。救いにおける愛の連帯化は、『属性の交流』という形にまで徹底されるごときものであったのである」[43]。

北森によると、ルターの「属性の交流」は「何」（What）から「いかにして」（How）にまで議論を展開するときに必然的に生じたものである。これに対し、フォイエルバッハによる神学の人間学化としての宗教批判は、北森が解釈するルターとは逆の構成になる。フォイエルバッハは「いかにして」（How）から何（What）を論じていると筆者は考える。ルターもフォイエルバッハも愛について論じている。ルターは「属性の交流」を救済論の観点から用いることで愛を論じるが、フォイエルバッハは形而上学的関心から愛を考察する。フォイエルバッハはHowから論じることで、イエス・キリストという具体的なWhatを抽象的な愛というWhatに転換した。Whatの転換が、フォイエルバッハの神学の人間学化としての宗教批判の核心である。フォイエルバッハによるHowからWhatは、『キリスト教の本質』で受肉論を扱っている箇所において顕著に示されている。「人間に対する神の愛は神的存在者の本質的な規定である。すなわち神は私を―人間一般を―愛する神である。人がアクセントをおくべきはここなのであり、宗教の根本情動はここに横たわっているのである。神の愛は私を、愛するものにする。人間に対する神の愛は、神に対する人間の愛の根拠である。神の愛は人間の愛を引き起こし、人間の愛に目をさまさせる。『われわれは神を愛そう、なぜかといえば神がまずわれわれを愛したからである。』したがって私は、神のなかで、そして神に即して、何を愛すのか？　私はそこで愛を愛するのである。そしてもとより人間に対する愛を愛するのである。しかし、もし私が愛し且つ尊敬する愛が、神が人間を愛する場合の愛であるならば、そのときは私は人間を愛しているのではないか、神に対する私の愛はたとえ間接的ではあっても人間愛（人間に対する愛）ではないか？　もし神が人間を愛するならば、そのときはいったい人間が神の内容なのではないか？　愛が愛するものは私における最も親密なものなのではないか？　もし私が愛さないならば、そのときは私は心情をもっているのか？　そうではない！　ただ愛だけが人間の心情なのである。しかし、私が愛しているものがない愛とは何であるか？ したがって私が愛しているもの―そのものが、私の心情であり、私の内容であり、私の本質であるのである」[44]。こうして、フォイエルバッハはHowからWhatを論じることで、抽象的な神から抽象性な愛への転換を行い、人間を神にまで高めることで、神学の人間学化を試みる。

以上では、フォイエルバッハの神学の人間学化としての宗教批判について、「属性の交流」を補助線として見てきた。カール・バルトの視座から、フォイエルバッハの宗教批判はどのように解釈されるか。その答えは、フォイエルバッハの考察の対象となった神は、キリスト教の神とは異なる神だということである。バルトの『ローマ書講解』で貫かれているのは「神と人間の質的差異」である。そのため、人間が神について語るということは、不可能の可能性に挑むことである。神学はこの逆説に常にとどまらなければならない。それに対し、フォイエルバッハは不可能の可能性を回避し、到達可能であると考えた。そのため、フォイエルバッハは哲学的な神の内在化の転換を成し遂げることができた。しかし、人間が哲学的に到達可能な神というのは、キリスト教の神ではない。というのも、前述したように神学の考察する神は「有限は無限を包摂しえず」（カルヴァン）だからである。加えて、不可能の可能性に挑む神学は、比喩という表現形式を採用することが『ローマ書講解』の最終章で述べられている。そのためバルトの視座からは、「属性の交流」における中心はWhatであって、How はあくまでも比喩として捉えられるべきである。別の言葉でいい換えれば、「属性の交流」は超越的視座から理解されるべきである。しかしながら、フォイエルバッハの「属性の交流」の理解は比喩でとどまるべき How を比喩にとどまらせない。具体的現象として捉えている。別の言葉でいい換えれば、「属性の交流」の超越性を廃棄し、神の内在化の転換に利用した。「属性の交流」の超越性を排し、神の位置に人間をおき換える。神学を人間学化する。神＝人とする。「イエス・キリストによる救済」を「愛による救済」とすることで、具体的なイエス・キリストという What を抽象的な愛という What に転換した。

「イエス・キリストによる救済」は、歴史的には「Xによる救済」と What が転換させられることが度々あった。Xに愛を代入すればフォイエルバッハに、プロレタリアート[45]あるいは共産主義[46]を代入すればマルクスに、アドルフ・ヒトラー[47]（Adolf Hitler：1889年4月20日―1945年4月30日）を代入すればドイツ・キリスト者[48]に、国家を代入すればナショナリズムとなる。それでは、神学は思想的に What の転換にどう対抗すればいいか。その一つの方向性は、「神と人間の質的差異」の体系から、神の内在化の転換の可能性を排すバルトの在り方だと筆者は考える。ここにおいて、真の神で真の人であるイエス・キリストという名が決定的に重要になる。この名は具体的で抽象的概念に還元することができない。

カール・マルクスの宗教批判の有名なフレーズとして、「宗教は民衆の阿片なのだ」[49]がある。ニコライ・アレクサンドロヴィッチ・ベルジャーエフ[50]（Nikolai Alexandrovich Berdyaev：1874年3月18日―1948年3月23日）はこのフレーズについて次のように説明している。「労働階級と人類とを解放するために、マルクスは自明の理として、凡ゆる宗教的信仰の軛を振るい落とすことの必要を主張したのである。宗教は人間の解放、その権力、その福祉の実現にとって障害である。それは人工の善によってひとを奴隷化し、その意識を幻想の力に縛りつける。それは人間の現実の不幸を反映し、ひとに空想上の幸福を與える。眞の幸福を得るためには、妄想に過ぎないもの、すなわち宗教的虚妄から解放される必要がある。宗教は人間の無能の表現であり、それは人間が力を得ようとして進んで行くに際しての桎梏である。それが民衆の阿片である所以はここにある」[51]。したがってマルクスは、宗教は廃棄されるべき存在だと捉えている。

マルクスの宗教批判は、フォイエルバッハに由来する。ただし、宗教的心情の源泉についてマルクスは、フォイエルバッハを批判して次のように述べている。「フォイエルバッハはしたがって、〝宗教的心情〟自体が社会的産物であること、彼が分析する抽象的個人が現実においては一定の社会形態に所属することを知らない」。猪木正道[52]（1914年11月5日―2012年11月5日）は、マルクスのこのフォイエルバッハ批判はマルクスの致命的欠陥を指摘していると考える。「すなわちマルクスによれば、宗教的心情は社会的産物であるとされている。これがマルクスの中核思想であり、彼をフォイエルバッハから分かつ出発点である。もし宗教的心情自体がマルクスの説くように社会的生産物であるとすれば、人間の宗教的自己疎外[53]は、現存社会秩序自体の矛盾の反映にほかならず、したがって現存社会秩序自体の革命によって宗教的自己疎外も止揚されよう。……しかし宗教の問題は自己疎外に尽きるものではない。死の恐怖を克服しようという要求は、人間が有限者であるかぎり消滅することをえないのであり、したがって宗教的心情は単なる社会的生産物ではなく、人間存在の本質的規定であることを知るべきである。この点を見のがしたところにマルクスの致命的欠陥が存するように思われる」[54]。猪木正道はマルクスの議論の抽象性についても批判する。「たしかにフォイエルバッハの類[55]（Gattung）は抽象的であり、非歴史的である。愛と友情のほか、フォイエルバッハの人間には社会関係が存しない。この袋小路を faber[56]（工作人）により突破して、物質的生産力と生産関係との歴史的展開の中に人間関係の具体化を図ったことは、マルクスの不朽の功績である。しかし物質的生産力と生産関係の中に人間を歴史的に解消したと考えたマルクスの人間観は、ある意味でフォイエルバッハのそれ以上に抽象的なものに転落した。なぜならばマルクスでは愛情、友情、死の恐怖といった物質的生産関係に解消されえない人間生活の諸相が全く抽象されているからである。その結果はマルクスの窮極の到達点としての共産主義の社会では、人間はもはや人間であることをやめ、人間とともに歴史自体が解消するという奇怪なことになる」[57]。これは、エンゲルスースターリン型の唯物史観の特徴である。人間を物質的生産力と生産関係の中で限定するという方法は、確かに猪木が指摘するように抽象的である。さらに、猪木正道はマルクスから生じる宗教について言及する。「フォイエルバッハから出発しながら、マルクスはついに物質的生産力の人間支配を帰結することによって、人間を再び超人間的な物神の奴隷に化した。マルクスにおいては物質的生産力が実は神であって人間は物質的生産力の道具にすぎない。そして階級間の憎悪がかきたてられ、階級闘争が鼓舞される結果、物質的生産力の神は、人間の意識の中には愛の神としてではなしに、憎悪の神として現れる。これが戦闘的無神論という疑似宗教である」[58]。「亜流マルクス主義者の段階になると、物質的生産力が神であることがいっそうはっきりしてきた」[59]。唯物論(唯物史観)という名の宗教の誕生である。この唯物論は無神論を内包する。「人類愛、人間性の信仰を観念論としてしりぞける結果は、窮極の理想としての共産主義への到達過程においては、ただ物質的生産力のみが信仰され、人間はただ生産力の観点からのみながめられ、人間性は尊重されないことになる。階級闘争と階級憎悪とが神の意志を実現する手段として謳歌される。こうして目的は手段を正当化するものとされる結果、理想の実現のためには、手段を選ばぬことになる。テロやサボや破壊工作は主義のためにはいっそうさしつかえないばかりか、むしろ義務にさえなりうる。これは人格の尊厳、人間性の尊重を一歩一歩確立しきたった（原文ママ）人類の歴史に対する冒瀆であり、挑戦でなくて何であろう？ 物質的生産力への信仰は、物質的生産力自体が自由な主体としての人間以外の何ものでもないことを忘れた邪教である」[60]。以上の猪木正道によるマルクス主義批判は、神学的に次のように整理できる。フォイエルバッハはシュライエルマッハーの「絶対依存の感情」[61]に影響を受け、人間の内面と神を同一視した。フォイエルバッハに影響を受けたマルクスは、フォイエルバッハを批判する際に、神を否定したわけだが、その神はキリスト教の神ではなく、神＝人間の内面であって、神を否定すると同時に人間の内面も否定することになってしまった。マルクスにおいては、神の否定とセットで人間の否定が行われてしまったわけである。マルクス主義における人間の否定についてベルジャーエフは次のように述べている。「マルクス主義はフォイエルバッハの人間性の宗教から出発するが、それは人間の否定に終わっている。マルクス主義の集合体においては、共産主義の社会においては、人間はもはや存在せず、その姿さへも消失してしまふであろう。集合的な社会的な建造物において問題になっているのは、もはや人間ではない。人間は建築のはじめに置かれる煉瓦か、さもなくば強力な機械の螺旋に比較することができる」。[62]「共産主義はただに神の否定であるのみでなく、また人間の否定であり、この二つの否定は互いに結び合っているのである。共産主義はただ神に対する反宗教的宣伝をひき起こすのみでなく、また人間に反対する宣伝、反人間的宣伝をも齎すのである」。[63]こうしたマルクスによる神と人間の否定の根源には、神学的に見れば、フォイエルバッハによって誤読された「属性の交流」、すなわち人間の「神化」が見て取れる。

しかしながら、マルクスはプロレタリアートを称揚する。抽象的で、自らが属したことのないプロレタリアートを人間解放の鍵概念にする。ベルジャーエフは「プロレタリア・メシア主義」[64]について次のように述べる。「プロレタリアートが人類を解放し、これに力と幸福とを与え、生の惨苦に充ちた問題一切を解決すべきことを求められているという観念、ここにこそマルクスの最も独創的な創作がある。……プロレタリアートがメシア（救済主）であり、人類の解放者、救済者であるという観念を表明した。……彼（筆者注：マルクス）はメシア的観念を、すでに神なくして実現されつつある地上における『神の国』の到来を信じている。彼はキリストを否認し、その待望し、地上に正義と福祉の王国を実現すべきメシアをキリストのうちに認めないヘブライ人中の或る人々に属していた。彼は世俗化されたかたち、すなわち宗教的な根帯から離れたかたちにおいて、古代のイスラエル的ミレナリスム（千年至福説）を告白している。しかしながら、マルクスにとって神の選民はもはやヘブライ民族ではない、プロレタリアートである」[65]。マルクスが想定するプロレタリアートとは目の前にいる現実の、具体的な賃金労働者ではない。概念化された類としてのプロレタリアートである。ベルジャーエフはプロレタリアートという概念の抽象性についてこう述べている。「マルクス主義が問題にしているのは、歴史に現れてくるような現実のプロレタリアートではなく、プロレタリアートの概念である。マルクス主義はこの観念を信じている。そして種々異なった自己発現の仕方をしている労働者階級は、この観念に合致しないことも大いにあり得るのである。マルクス主義の方法は全く経験的な方法ではない。マルクス主義は完成した思想として見るかぎり、歴史的経験に基礎を置いていない。それはこの経験とは矛盾する。それは無批判的に受け容れた概念から出発する。プロレタリア・メシア主義の観念は、そこに宗教的信仰の一切の徴候を示している。プロレタリアートの経験的な、現実的な特性は決してこうした信仰を実証するものではない」[66]。観念的なプロレタリア・メシア主義が人間の人格にもたらすものについて、ベルジャーエフは次のように述べている。「人間の人格はこの宗教（筆者注：プロレタリア・メシア主義）にとって手段であって目的ではない。人間の霊魂はキリスト教におけるごとく、絶対の価値を有っていない。マルクス主義は人格の内面的な精神的な生活を考慮に入れていない。人格は社会的な建築工事に役に立つ石に過ぎず、社会の活動力の向けられている対象にすぎず、主体ではない。人間は社会主義集団の捷利に至るべき生産力発展の手段、用具、機能である。マルクスはヒューマニストではなく、慈悲や憐憫の支配する時を期待しているのではない。人間は犠牲として社会に献げられ、何ら絶対の権利を有っていない。マルクスは人間のうちの神の像を否認し、精神の存在を否認する」[67]。それでは、マルクス主義は何を愛するのか。「マルクス主義は神も人も愛さない。それは神を否定し、それは人間に対するに、手段や用具に対するごとく苛酷である。それは未来の社会主義、社会的集産主義[68]のみを愛する」[69]。社会主義（社会的集産主義）の未来を構築するには、宗教を否定する無神論を信仰しなくてはならないという信念をマルクスは抱いた。本章では、主にプロレタリア・メシア主義の宗教性とそれがもたらす人格の否定について見てきた。結論を述べると、プロレタリア・メシア主義は、宗教の廃棄としての宗教批判をしたマルクスが、宗教的信仰の軛を振るい落とすことには成功したが、マルクス主義的無神論への信仰というさらに重い軛をマルクス主義者に負わせることになった。

ここで、カール・バルトの視座からカール・マルクスの宗教批判について考察してみる。自由主義神学のような内在的な宗教の Aufheben という点では、カール・バルトとカール・マルクスは共通している。両者はともに、人間の発明した宗教を否定している。それでは、両者の弁証法の差異は何か。第2章で Aufheben は「持ち上げる」と「取り去る（廃棄する）」

の両義的な意味を持つ言葉だということについて触れたが、バルトは宗教を「取り去る（廃棄する）」とともに神を「持ち上げる」。他方、マルクスは宗教とともに神を「取り去る（廃棄する）」。マルクスが「持ち上げる」のは人間である。両者にはこうしたAufhebenの解釈の差異がある。フォイエルバッハの構成を継承するマルクスにおいて神と人間は等号で結ばれる。従って、ベルジャーエフと猪木正道が述べているように、マルクスにおける人間は、持ち上げられると同時に否定されるという矛盾が生じる。前者を強調すればヒューマニズムとなり、後者を強調すればアンチ・ヒューマニズムとなる。前者に焦点があてられがちではあるが、マルクス主義はこの両義性を持っていることを忘れてはならない。バルトにおいては、「神と人間の質的差異」から神は肯定され、人間は否定されるが、人間は否定的な存在であるがゆえに、真の神であり真の人であるイエス・キリストを媒介に肯定されるという逆説にある。他方、共産主義理論において人間は、現在と来るべき共産主義社会の「時の間」にいるわけだが、来たるべき共産主義が到来するまでは、現在存在する事柄はすべて否定されたままであり続ける。より詳細に見れば、持ち上げられたプロレタリアートという存在も、来るべき共産主義が到来するまでは否定された存在である。そしてこの否定性を動力源にしているのが戦闘的無神論である。「イエス・キリストによる救済」をフォイエルバッハは「愛による救済」に転換したが、マルクスは「共産主義による救済」に転換した。マルクスにおける宗教の廃棄としての宗教批判は、無神論的宗教という新たな人間の発明した宗教の土台となった。

第5章　結論

上記の議論から指摘できることは二つある。

一つは、マルクスが廃棄の対象とし、フォイエルバッハが人間に転換した神という概念は、バルトの視座からはキリスト教の神ではなく、人間が創り出した異教の神であるということである。フォイエルバッハの哲学的功績は、ヘーゲルの宗教的残滓を取り除き、人間を神の位置に哲学的に転換したことにある。この神の内在化の転換という哲学的功績を、「属性の交流」に対するルターの内在的理解から外部性を排すことで、フォイエルバッハは成し遂げた。外部性を排すことで、神＝人というところまで人間を転換した。マルクスにおいては、神を人に転換したフォイエルバッハの理解では不十分であった。マルクスは神を廃棄の面を重視する形で止揚することで、人間が人間を搾取する疎外された社会から人間が解放されると考えた。そのため、フォイエルバッハ的な内在化された神をマルクスは否定した。しかしながら、バルトの視座からは、フォイエルバッハが内在化した、人間に転換可能な神というのは、「神と人間の質的差異」を解消した神である。「有限は無限を包摂しえず」というテーゼに反する神である。そのため、バルトの視座からは、フォイエルバッハ的な神というのは、その哲学的操作によってキリスト教とは異なる異教の神となった。バルトの視座から見ると、マルクスによって否定されたフォイエルバッハ的な神というのは、キリスト教の神ではないため、キリスト教の神に対する批判ということにはならない。キリスト教の神は、マルクスの神の否定によって否定されたわけではない。マルクスが否定した神というのは、いわば近代的ヒューマニズムという異教が創出した神である。

もう一つは、宗教批判を通じても、人間は宗教的形態から逃れられないということである。フォイエルバッハは神を内在化することで、人間の手による神を創り上げたわけだが、彼の生涯の情熱は宗教に捧げられた。またマルクスにおいても、宗教を止揚したことになっているにもかかわらず、ニコライ・ベルジャーエフの述べる「プロレタリア・メシア主義」といった宗教的色彩を帯びるようになった。これは神を否定したことにより、神の位置を容易にほかのものが占めることができたためであろう。加えて、マルクスは世俗化[70]された終末論[71]を強調する。人間を否定的な存在とすることで、救済について述べる。これはマルクスの神の否定から導き出される。マルクスが否定した神というのは、神＝人として内在化されたフォイエルバッハ的な神であった。神＝人とするフォイエルバッハ的な神を否定することは、人間を否定することも必然的に伴う。ここでマルクスは矛盾に陥る。神を廃棄し、肯定的な存在であるはずの人間が、哲学的に否定的な存在となってしまう。そのためマルクスは、人間が肯定的な存在となることを時間的にズラす。共産主義の到来によって人間は肯定的な存在となるが、それまで人間は否定的な存在である。搾取という原罪から解放されるまでは、人間は共産主義という理念の道具であり、その人格は否定される。共産主義という「地上の神の国」が到来することで、人間は搾取という原罪から救済される。宗教を廃棄しようとしたマルクスにおいても、宗教的形態から逃れられなかった。「神と人間の質的差異」から宗教批判を行ったバルトにおいても、人間は宗教的形態から逃れられないことを述べている。「神と人間の質的差異」がありながら、牧師は神について語らなければならないという不可能の可能性にある。この不可能の可能性は宗教という形態をとらざるをえない。このように考えるバルトにおいては、哲学に還元されるような人間学に基づいて神学を形成することはできないのである。フォイエルバッハのように哲学から神について語ってはならない。バルトの宗教批判から導き出される神学は次のようなものである。神学は神の言葉に基づかなければならない。しかし「有限は無限を包摂しえず」である。そのため有限なる人間が無限なる神について語るという不可能の可能性に挑み、その緊張の中にとどまるということである。そしてそれは宗教という形態をとらざるをえない。

〈注〉

1 スイスのプロテスタント神学者。第1次世界大戦を機として示された近代神学全体の無力さに対する失望とブルームハルト父子の影響下に、彼は聖書の世界にいっそう深く沈潜し、そこに現代に対しても語りかける生きた神の言葉を発見する。それはさらに根本的に書き改められて、22年に再版されるが、これが大戦後の神学界に強烈な影響を与え、やがて「弁証法神学」という名で呼ばれる新しい神学運動の出発点となる。31年のアンセルムス論『知解を求める信仰』によって、新しい神学的方法論を確立し、その上に立って『教会教義学』の執筆にとりかかった。『教会教義学』は、和解論の中途まで書き続けたが、未完成のままに終わった。

彼はルター、カルヴァン以来最大のプロテスタント神学者といわれ、その影響力は世界の教会に及んでいる。日本の教会は特に昭和初年から彼の神学の影響を強く受け、その著作の邦訳は英訳に次いで世界で最も多いといわれている。

2 ドイツのヘーゲル左派を代表する哲学者。人間学の観点から、ヘーゲル哲学を批判した。著書『キリスト教の本質』は、青年期のマルクス・エンゲルスらに大きな影響を与えた。

3 ドイツの共産主義思想家・運動家、いわゆるマルクス主義の祖。主要な著書は、『ヘーゲル法哲学批判序説』『経済学・哲学手稿』（通称『経哲手稿』、ともに1844）、『哲学の貧困』（1847）、

『ルイ・ボナパルトのブリュメール18日』（1852）などがある。『聖家族』（1845）、『ドイツ・イデオロギー』（1845―46）、『資本論』（1867年に第1部、1885年に第2部、1894年に第3部が公刊された。第1部は、マルクス自身によって発行されたが、第2部と第3部は、マルクスの死後、マルクスの遺稿をもとに、フリードリヒ・エンゲルスによって編集・刊行された）のほか、エンゲルスとの共同執筆も多くあり、それらはいずれも『マルクス＝エンゲルス全集』として刊行されている。

4 マルクスも宗教の止揚（Aufheben）という表現をするが、バルトとは異なり廃棄の占める位置が大きいのでこのように記した。

5 ドイツの神学者、哲学者。プロテスタント最大の思想家の一人。幼時よりヘルンフート派敬虔主義の教育を受け、この派の感情重視の宗教観は、カントの批判哲学に触れて敬虔主義に距離をおいた後も、彼の基本的立場となった。彼は初期の著作『宗教論』（1799年）で「宗教の本質は直感と感情である」と定義し、晩年の著作『キリスト教信仰』（1821～22年、第二版1830年）では「宗教の本質は絶対依存の感情である」と定義した。コペルニクス革命以降、地動説が主流の世界観において、近代以前の上と下という概念で神を表象することが困難になった。こうした神学的な問題をシュライエルマッハーは、神の場を天上から各人の心の中に転換することで解決した。

6

ヨゼフ・ルクル・フロマートカ（Josef Lukl Hromádka：１８８９年６月８日―１９６９年12月26日）は『神学入門―プロテスタント神学の転換点』で次のように述べている。『ローマ書講解』（Römerbrief）第一版は「１９１８年に脱稿し、１９１９年に出版された。しかしよく知られているのは第二版である。第一版では、自由主義神学、批判神学、歴史神学、人間主義神学を清算している。読者にはまるでここで自分の恩師たちと別れを告げているように感じられる。もちろんそうは言ってもこれは恩師たちの神学と連続性を持つ書物である。……この『ローマ書』第一版におけるバルトは自由主義神学に共感している。自由主義神学においては、神の世界と私たちの世界の明らかな差異があるという概念にまで達しておらず、この時点でまだ転換点には至っていない」（１４２―１４４頁）。

「バルトは神と世界の質的な違いの上に、天と地の間の深淵の上に自らの神学を構築していると非難された。この異議と批判に対する答えが、『ローマ書』第二版の序分の内容となっている。バルトの反対者たちは、バルトが神と人間の質的に異なる体系を構築し、聖書を冒瀆していると異議を唱えた。聖書に自分の体系を持ちこんでいる連中がいるが、バルトよ、君も同じことをしているぞ、と。君と連中の違いはあるのか。君たちは何か体系を考え出してそれによって聖書を曲げている、と。するとバルトは答える。私はいかなる体系も受け入れていない。私は聖書を読み、誰が神で誰が人間であるかを理解した。神は創造主であり人間は被造物である。

私の体系の基盤は、神の言葉を真剣に採り入れたことにある。これは、聖書において神が語る時は人間は沈黙しなければならない、沈黙すべきであるという認識である」（同上、１５７―１５８頁）

7　１９５３年北アイルランドのベルファーストに生まれる。オックスフォード大学で生物学を学ぶ。若くしてマルクス主義に傾倒するが、在学中にマイケル・グリーンの影響でキリスト教を発見。１９７６年に分子生物学で博士号を取得後、オックスフォード大学で神学を修める。現在は、同大学神学部歴史神学教授およびウィクリフ・ホールの学長を務める。また、数多くのデボーショナルな著作も出しており、アングリカンに属する福音主義の神学者として今日最も精力的に活動している。

8　アリスター・E・マクグラス、神代真砂実訳『キリスト教神学入門』教文館、２００２年、７３５頁

9　この概念は、しばしばラテン語の communicatio idiomatum という言葉でも論じられ、キリストの人格における神性と人性は区別されるが、両性の属性は相互に交流するというものである（『キリスト教大事典』教文館、１９６３年、「属性の融通」参照）。「属性の交流」の最も徹底的な適用はマルティン・ルターのものであろうと一般に考えられている。ルターは躊躇することなく、以下のような論証をしている。

イエス・キリストは十字架につけられた。
イエス・キリストは神である。
それゆえに、神は十字架につけられた。

「十字架につけられた神」というのは、現代神学に対するルターの遺産の中でも最も有名なものである。あるいはまた、以下のようなものもある。

イエス・キリストは苦しみ、死んだ。
イエス・キリストは神である。
それゆえに、神が苦しみ、死んだのである。

10 ルターの特色ある「十字架の神学」は、「属性の交流」の徹底的な適用と見ることができよう。（前掲、A・E・マクグラス『キリスト教神学入門』４９９—５００頁）
神の存在を否定する哲学的学説。有神論 theism に対する。無神論という言葉はしばしば濫用されたが、汎神論、理神論、不可知論等と混同されてはならない。無神論は歴史的には多くの場合唯物論と結びついていた。

11 神が人間に自己を啓き、真理を示すこと。英語では revelation。ユダヤ教、キリスト教、イスラム教では特に重視され、これらを啓示宗教とも呼ぶ。

12 前掲、マクグラス『キリスト教神学入門』735—736頁

13 文芸批評家、東京都生まれ。中央大学文学部仏文科卒業。大学在学中の1979年、「意識の暗室 埴谷雄高と三島由紀夫」で第22回群像新人文学賞評論部門優秀作を受賞。西部邁の個人誌「発言者」と後継誌「表現者」に参加し、「表現者」編集長を務める。現在、関東学院大学国際文化学部比較文化学科教授、鎌倉文学館館長。著書に『戦後文学のアルケオロジー』、『内村鑑三 偉大なる罪人の生涯』、『川端康成 魔界の文学』、『生命と直観 よみがえる今西錦司』、『〈危機〉の正体』（佐藤優との共著）ほかがある。

14 宗教における主観的側面を示す用語。へりくだって神に自己をゆだねる態度をいう。（『キリスト教大事典』教文館、1963年）

15 富岡幸一郎『使徒的人間—カール・バルト』講談社文芸文庫、2012年、113頁

16 カール・バルト、小川圭治・岩波哲男訳『ローマ書講解 上』平凡社ライブラリー、2001年、30頁

17 同上、84頁

18 同上、４８５―４８６頁

19 Karl Barth『The epistle to the Romans』Oxford University Press, 1933, p.242

20 Karl Barth『Der Römerbrief 1922 : zweite Fassung』Theologischer Verlag, 2010, S.333

21 前掲、マクグラス『キリスト教神学入門』７３６頁

22 イエスが十字架刑に処せられたエルサレムの丘。名前は〈頭蓋骨〉を意味するアラム語のグルガルタ gulgalta に由来するギリシア語で、多分丘の地形からそのように呼ばれたものであろう。ラテン語でカルウァリア Calvaria、英語でカルバリ Calvary ともいう。

23 キリスト教会で行われる入信の儀礼。川や教会堂内に設けられた水槽に全身を浸すもの（浸礼）、手で頭に水滴をつけるもの（滴礼）、手もしくは容器を用い水を注ぐもの（灌水礼）などの方法がある。洗礼と呼ぶより〈バプテスマ baptisma〉というギリシア語名をそのまま用いる方がよいと考える教派もある。洗礼の理解・方法も教会・教派によって異なっている。

24 紀元28年前後にヨルダン川南部流域の荒野で活動した預言者。生没年不詳。バプテスマのヨハネは、ヨルダン川でイエスに洗礼を授けた人物で、使徒ヨハネとは別人である。

25 前掲、カール・バルト『ローマ書講解 上』４６９頁

26 富岡幸一郎『使徒的人間―カール・バルト』講談社文芸文庫、２０１２年、１２２頁

27 前掲、カール・バルト『ローマ書講解 上』92頁

28 同上、86頁

29 同上、77―78頁

30 カール・バルト、小川圭治・岩波哲男訳『ローマ書講解 下』平凡社ライブラリー、２００１年、５１７―５１８頁

31 危機神学、神の言葉の神学ともいわれる。この神学は、第一次世界大戦後の混乱の中で説かれた。プロテスタントの自由主義神学を超越する運動として、ドイツ、スイスを中心に生じた。カール・バルト、ゴーガルテン、ブルンナーなどが代表的な人物である。自由主義神学に対するアンチテーゼを示した（ヨゼフ・ルクル・フロマートカ、平野清美訳、佐藤優監訳『神学入門―プロテスタント神学の転換点』新教出版社、２０１２年、７―８頁）。

32 自由主義神学なる語は、大体〈正統的神学〉に対して用いられるもので、聖書や教会の教理を客観的に主張するところから生ずる強制や抑圧に対し、人間の主体的な活動の意義と余地とを認める神学である。したがって自由主義神学においては、聖書やキリストや信仰の理解が、批判精神や科学的歴史研究や宗教的経験や信仰の実存的な把握と結びつけられる。（『キリスト教大事典』教文館、１９６３年）

33 石井裕二は『近代宗教批判論』で次のように述べている。「ヘーゲルによって頂点にたっしたドイツ観念論は、ようやく内部崩壊をはじめたところであった。シュトラウス（D. F. Strauss：

１８０８―１８７４）やバウアー（Bruno Bauer：１８０９―１８８２）をはじめ、ヘーゲル左派の人々がヘーゲル批判を開始していたのである。彼らはなおもヘーゲル思想の基底の上にとどまっていたが、彼らのうちにはすでに唯物論的動機が芽生えていて、ヘーゲル思想の基底―〈真に現実的なものは理念である〉―とのあいだに矛盾が生じつつあった。そこにフォイエルバッハが登場する。『そのとき、フォイエルバッハの『キリスト教の本質』があらわれた。それは、唯物論を単刀直入にふたたび王座につかせることによって、その矛盾を一撃のもとに吹き飛ばした』（Engels Ludwig Feuerbach und der Ausgang der klassischen deutschen Philosophie：１８８６―邦訳「フォイエルバッハ論」［岩波文庫］25頁）」（１４４頁）。

34 ドイツの宗教改革者。宗教改革三原則の〈聖書のみ〉〈恵みのみ〉〈信仰のみ〉を説いた。

35 聖餐論を巡って聖餐論争が生じた。聖餐論争とは、キリスト教の祭儀の中心をなす聖餐式（ミサ）において、キリストの体と血として信者が受領するパンとブドウ酒が形質の変化をとげてそれとなるのか、あるいは象徴的な変化にとどまるのかをめぐる論争である。つまり、聖体論争は、聖餐において変化したキリストの体と血が天に神として存在するキリストの体と血とまったく同一のものであるか、あるいは聖変化をとげたパンとブドウ酒が物質としての本質を失うか否かをめぐって展開された。

聖餐論争は宗教改革において改革派のあいだの論争問題となった。ルターは、キリスト教の秘儀性を否定せず、聖餐における聖変化を認めた上で、カトリック教会の〈全質変化〉の教義に反対し、パンとブドウ酒の形質は残存すると考えた。これを〈実体共存説〉という。他方、ツウィングリは聖餐の象徴説を唱えてルターと対立し、これがプロテスタント教会統一の妨げとなった。カルヴァンは、ルターとツウィングリの中間的な立場をとり、聖変化は否認したものの、聖餐によって信者はキリストの体と血の効力にあずかれると主張した。なおアングリカン・チャーチ（英国国教会）はこの問題に関する統一的見解を欠いている。東方正教会は、聖餐式におけるパンとブドウ酒の全質変化についてカトリック教会と一致した見解を持つが、全質変化が聖餐式のどの時点で生じるかをめぐってカトリック教会と対立している。この論争も聖体論争の一つである。

36 W・J・ファン・アッセルト編、青木義紀訳『改革派正統主義の神学―スコラ的方法論と歴史的展開』（教文館、２０１６年）は正統主義について次のように考えている。「正統主義（orthodoxy）という語はまず、宗教改革後のプロテスタントの歴史における特定の時代を指して使われ、ルター派と改革派の両方の発展に関わっている。この時代は、17世紀と18世紀へと広がっている。この言葉の原義に照らすと、いくつかの異なるニュアンスをもっていることがわかる。『正しい教理』や『見解』（ギリシア語 orthos= 正しい、doxa= 見解）として、この言葉は、誤った見解に対して擁護されなければならない特定の内容を指している」（22―23頁）。

37 英語の「Apotheosis」が「神化」と訳されているが、これはバルトが東方教会が用いる「神化」（theōsis）とは異なると考えているためである。前出の『キリスト教大事典』は「Apotheosis」としての「神化」について次のように説明する。「皇帝や、そのほかの人々を神とする異教的慣習。初めは、本人の死後にのみ神化されたが、ドミティアヌス帝の時代より、本人の生存中にも神として扱われることがあった。東方教会の神学や神秘主義で、人間が神性にあずかるという場合には、この語を用いず、〈theōsis〉または〈theopoi ēsis〉を用いる」（556頁）

38 カール・バルト、安酸敏眞訳『19世紀のプロテスタント神学 下』新教出版社、2007年、178―179頁

39 H・G・ペールマン、蓮見和男訳『現代教義学総説』新教出版社、2008年、311頁

40 フォイエルバッハの神の内在化の転換は、シュライエルマッハーの影響もある。彼らの共通点は神を語ることへの志向である。そして両者の差異は、フォイエルバッハは完全に語りうると考えたが、シュライエルマッハーには残余があったことである。このことはフォイエルバッハが次のように述べていることからわかる。「私はヘーゲルと違ってシュライエルマッヘルが宗教を感情の事象にしたという理由でシュライエルマッヘルを非難するのではない。そうではなくて私がシュライエルマッヘルを非難するのはまた、彼がもし主観的に感情が宗教の主要な事象であるならば、そのときは客観的には神はそれ自身が感情の本質以外の何物でもないというこ

とを洞察し白状する勇気をもたなかったという理由によるものである。この点では私はシュライエルマッヘルに反対しているというよりはむしろ、彼は私に感情の本性から引き出された私の諸主張を事実によって確認するために役立っているのである」(『フォイエルバッハ全集第10巻』「キリスト教の本質 下」福村出版、1975年、358頁)。このことから、シュライエルマッハーは神を語ろうとした、外部性を持っていたといえるだろう。

41 昭和—平成時代の神学者。五高在学中受洗し、日本ルーテル神学校、京都帝大で学ぶ。日本ルーテル神学校教授をへて、東京神学大教授となり、日本キリスト教団千歳船橋教会牧師を兼ねた。「神の痛みの神学」を著し、話題を呼んだ。著作に『宗教改革の神学』などがある。

42 英語 metaphysics などの訳。原語はアリストテレスの講義草稿を整理する際、編者のアンドロニコスが、自然学(フュシカ)の後に(メタ)無題の草稿をおいて、〈自然学の後におかれた諸講義案(タ・メタ・タ・フュシカ)〉と呼んだことに由来する。第二哲学たる自然学に先立つ原理学としての第一哲学、神学のこと。最も基本的には、経験において与えられる具体的・個別的なものを超越して、全体的・究極的・絶対的にみる哲学の部門をいう。

43 北森嘉蔵『宗教改革の神学』新教出版社、1960年、63—65頁

44 フォイエルバッハ、船山信一訳『フォイエルバッハ全集第9巻』「キリスト教の本質 上」福村出版、1975年、131頁

45 資本主義社会における、自らの労働力を賃金と引換えに資本家に売る以外に生活の手段を持たない、賃金労働者階級全体を指すマルクス主義の基本概念。〈無産階級〉ともいう。これに対し、階級としての資本家はブルジョアジーと呼ばれる。プロレタリアートを構成するのは、経済外的強制を受けないという意味で奴隷と、また生産手段を所有していないという意味で手工業者や農民と区別される、近代的工業労働者である。

46 共産主義という言葉は、共有財産を意味するラテン語の commune に由来している。共産主義とは、私有財産を否定して財産の共有の状態と、共有財産に基づく社会・政治体制を実現しようとする思想と運動である。

47 ドイツの政治家。ナチス（ナチ党）党首（1921—45）、第三帝国の総統（1934—45）。ヒトラーは、生物の〈自己保存衝動〉を最も根源的な欲求と捉え、この衝動に基づく闘い、強者による弱者の支配・駆逐を〈自然〉の摂理として肯定し、この論理を人間界の個人と人種の双方に適用した。このような社会ダーウィニズムの世界観から、個人・民族間の平等、民主主義、議会主義、人道主義、国際平和を否認し、卓越した個人による独裁的統治、反ユダヤ主義を唱え、また人種の〈自己保存衝動〉を充足する基盤として〈生存圏〉の樹立を主張した。

48 ヒトラー政権下において、ナチスの世界観や政策に迎合せんとしたドイツのプロテスタントの一群。戦時中領邦教会の半分以上を占めた。（『キリスト教大事典』教文館、1963年、741頁）

49 マルクス、中山元訳『ヘーゲル法哲学批判序説』光文社古典新訳文庫、2014年、162頁

50 ロシアの宗教哲学者。キエフ大学に学ぶうち、マルクス主義に接し、哲学的な唯物論には批判的であったものの、終末論的メシアニズムの観点から革命運動に参加した。1898年大学から追放され、ついで1900年ボログダに流刑される。このころよりマルクス主義とドイツ観念論哲学との統合を目ざして思想的に格闘、しだいに宗教哲学への傾斜を深めていく。文集『道標』(1909)などによって左翼インテリゲンチャの世界観を批判する一方、ロシア正教会の教権主義を激しく攻撃し『創造の意味』(1916)を著した。革命後、1922年モスクワ大学の哲学教授に任ぜられたが、思想的に革命政府と折り合わず、「イデオロギー上の理由から」旧ソ連国外へ追放される。その後、一時ベルリンに住んだが、1924年よりパリ近郊のクラマールに居を定め、ここで「哲学宗教ロシア学院」を指導するとともに、雑誌『道』を主宰した。

人間の主体性、創造性に重きをおく独自のキリスト教的実存主義の哲学を展開した。ヒューマニズムなき後、新たな世界観がまだ確立しない過渡期たる現代を「新しい中世」と捉えた。『歴史の意味』(1923)、『隷属と自由』(1944)、『ロシア思想史』(1948)など、30冊に及ぶ著書はロシア語その他の西欧語で書かれているが、大部分はヨーロッパの各国語に翻訳されており、著者が西洋の思想界でいかに重きをなしたかを瞭然とさせる。

51 ベルヂァエフ、宮崎信彦訳『マルクス主義と宗教』慶友社、1951年、25頁

52 政治学者、京都大学名誉教授。京都生まれ。社会思想家の河合栄治郎に師事し、1937（昭和12）年、東京帝国大学経済学部卒業。三菱経済研究所を経て49（昭和24）年から70（昭和45）年まで京都大学法学部で政治学・政治史を教える。退官後、防衛大学校校長を8年間務めたほか、平和・安全保障研究所理事長なども務め、日本の安全保障政策の研究を進めた。2001（平成13）年文化功労者。

53 疎外は、英語 alienation、フランス語 aliénation、また特にドイツ語 Entfremdung・Entäusserung の訳語。後者は〈外化〉〈疎外化〉とも訳される。哲学用語としては、sich（selbst）eines Dinges（または einem Dinge）entfremden のように、再帰的に用いられる。この再帰用法を名詞化すると〈自己疎外 Selbstentfremdung〉となるが、ヘーゲルにこの〈自己疎外〉という名詞形の語法はない。古くから離反 Entfremdung、断念・譲渡 Entäusserung の意で日常語として用いられ、またラテン語の alienatio（譲渡）の訳語としても用いられ、〈神からの人間の離反〉という意味で神学上の用語ともなったが、哲学的にはフィヒテが用いて以後、ヘーゲルの『精神現象学』で重要な術語として確立され、マルクスの『経済学・哲学草稿』の中心概念となる。人間が自分に固有の本質を、自己の外に彼岸化し、対象化しているあり方を指す。

54 猪木正道『共産主義の系譜』角川ソフィア文庫、2018年、102―103頁

55　石井裕二は『近代宗教批判論』で、ヘーゲルとフォイエルバッハの類について次のようにまとめている。「ヘーゲルは〈類〉の概念を以下のような仕方で考えている。〈真なる実在〉は〈理念〉である。この理念は、〈直接的なもの〉としては〈生命〉である。直接的理念そのものであるところのこの生命は〈普遍的生命〉にほかならないが、それ自体のうちに創造的な力があり、みずから具体的に発展していく。その発展は、まず、生命が〈生命的個体〉すなわち個的生物となることであり、そこからさらに、自己の個体性を止揚してふたたび普遍的生命へと立ち帰っていく。こうして、生命が個体化したのち、ふたたび自己のうちに普遍性を再発見したもの―それが〈類〉である。……ヘーゲルの〈類〉概念を批判することによって、フォイエルバッハの概念が成立する。彼の批判は、……唯物論的展開の試みにほかならなかった。ヘーゲルが、〈真に実在的なものはほんらい精神的なものである〉としたのにたいして、彼は逆に〈自然的・物的なものこそが実在的である〉とする。精神とか思考とかは、自然的・物的存在から出てくるのである。……フォイエルバッハにとっても、〈類〉は、『人間の中にあるほんらいの人間性』である。このように、〈普遍的存在としての人間性〉が考えられる限りでは、彼はヘーゲルとは異ならない。しかし、上述の基本的観点からすれば、普遍的人間性の設定から具体的・個別的人間へと発展する道は否定しなければならない。あくまでも個人的人間が出発点なのである。たしかに「理性・意志・心情」として、または「精神や意識」として、人間の普遍的本性を形造るものが現れている。そして、それらにおいて〈類〉が現存しているということもできる。しかし、たとえ人間がそのようにして自己自身を類的存在として認めることができても、そうすることそのものはあくまでも〈個人の精神的・意識的器官〉のはたらきによる。個人の器官が類意識を作り出すのである。そう考えてくれば、理性は『特定の個人においての人類の現実的・絶対的化身を知らない』ということになる。つまり、〈類〉というのは、個人の反省的思考によって作り出された〈表象〉にほかならないのである。それゆえ、類の意識とは、〈個別的存在が普遍的存在を志向すること〉であるが、現実には〈自己が個別的存在としての自己自身に無関心になること〉以外のなにものでもない。要するに、類とは思考の所産であって、積極的意味において現存するものではないのである」（２１４―２１７頁）。

56 〈工作的人間〉とは、道具を作る人間ということであるが、その意味するところは、個々の人間が自然界、人間界から自立して、自然界、人間界に対して、それを対象化し、その理法に従い、技術的工学的に立ち向かい、この世界を人間にとって望ましいものに改造し再編成し作り変えるべきである、と考える人間観である。それが、〈近代的〉なあるべき人間の姿であると考えられることになったのであった。

57 猪木正道『共産主義の系譜』角川ソフィア文庫、２０１８年、１０３―１０４頁

58 同上、１０５―１０６頁

59 同上、106頁

60 同上、106頁

61 シュライエルマッハーが敬虔ないしは信仰の本質をいいあらわした語。ひたすらよりすがっているという感情の意。彼は『宗教論』においては〈直観と感情〉という表現を用いたが、『信仰論』においてはじめて〈絶対的依存感情〉と表現し、〈神と結びついているものと自覚することである〉とした。絶対的依存は、主体の活動性が完全に否定された場合のみ起こりうる。この世のさまざまな対象、神々に対しても、運命に対してすらも相対的な依存と相対的な自由とを同時に感じているにすぎない。絶対的依存はいかなる対象においても起こりえない。それはただ絶対的自由の否定においてのみ自覚されると彼はいう。したがってそれは一切の存在をそのうちに包むところの超越的主体にとらえられた経験をいうものであろう。だからR・オットーは、この言葉を〈被造物感〉すなわち、造られたものという自覚といった方がよいと批評した。シュライエルマッハーの神学の最も特色ある述語の一つである（『キリスト教大事典』教文館、1963年、648―649頁）。

62 前掲、ベルヂァエフ『マルクス主義と宗教』57頁

63 同上、58頁

64 メシアとは、ヘブライ語マーシャハ（油を注ぐ）という動詞の名詞形マーシーァハ（油注がれた者）

に由来する語。救世主。ギリシア語ではクリストス(キリスト)と訳された。聖書的伝統によれば、神の介入によって変貌した歴史内世界に立てられる神の支配の代行者をいう。そして、このメシアによる終末的救済によってもたらされる新しい世界秩序の到来を待望する世界観をメシアニズムという。

ベルジャーエフは、マルクスにおけるプロレタリアートのメシア性について次のように考える。

「新しいメシアは力と栄光をもって現れるだろう。彼はあらゆるメシア的希望を実現するであろう。彼の王国はこの世の王国であろう。このメシアはプロレタリアートの、工場労働階級の特質をそなえてマルクスに現れた。このプロレタリアートは正に神の選民を形成し、マルクスはこれにメシア的民族の一切の徳性を帰し、しかもこれに古代イスラエル民族のそれよりも更に大なる徳性を賦与した。プロレタリアートは、他の一切の階級が搾取の原罪に穢れているに拘らず、これより自由である。それは純潔であり、未来の人類の最も道徳的なタイプを代表するであろう。彼らのうちにこそ人間と労働との眞正なる性格が表明されるであろう。唯物史観、階級斗争、労働による一切の価値の創造、そして最後にその固有の召命が彼等には啓示されている。プロレタリアートは人間の組織力を発展させ、これを導いて自然および資本主義的ブルジョア社会に固有の社会的無秩序に対する経済の捷利にまで至らしめなければならない。それは階級に分裂している旧い人類の幻想と自己暗示の凡てを暴露して見せるであろう。それは階級斗争を熄め、階級の存在さえも廃止し、人類を結合して、調和に導くであろう。プロレタリアートの世界革命の勝利は、以前人類がそのうちに生きていた必然の王国から、社会主義によって出現する自由の王国えの移行となるであろう」(ベルヂァエフ『マルクス主義と宗教』48―49頁)。

65 前掲、ベルヂァエフ『マルクス主義と宗教』46―47頁

66 同上、50―51頁

67 同上、55頁

68 一般的には、社会的な自由放任状態に対して、全体的な福祉のために包括的・中央集権的な統制を加える必要を強調する人々の信念、目的、方法などのことをいう。

69 前掲、ベルヂァエフ『マルクス主義と宗教』59頁

70 社会と文化の諸領域が宗教の制度ならびに象徴の支配から離脱するプロセスのことである。

71 語義は「終末における事物 eschaton（すなわち世界と人類の逢着する究極的な運命）についての教え」の意。終末論的発想は仏教の末法思想やそのほかさまざまな宗教、思想、文学に見出されるが、その典型は最も包括的な終末論を教義とするユダヤ教、キリスト教に見出される。終末論は旧約聖書を貫く歴史観である。それによれば、世界の歴史は終末に向かって進んでおり、この終末において人類の諸民族に究極的な神の審判が下り、試練によって清められたイスラエルの民には救済がもたらされるとともに、人類史が完成に到達するものと考えられた。

〈参考文献表〉

『キリスト教大事典』教文館、１９６３年

『世界大百科事典』平凡社、Japan Knowledge 版

『日本大百科全書（ニッポニカ）』小学館、Japan Knowledge 版

『日本人名大辞典』講談社、Japan Knowledge 版

『百科事典マイペディア』kotobank 版

『ブリタニカ国際大百科事典　小項目事典』kotobank 版

W・J・ファン・アッセルト編、青木義紀訳『改革派正統主義の神学―スコラ的方法論と歴史的展開』教文館、２０１６年

石井裕二『近代宗教批判論』三和書房、１９７１年

猪木正道『共産主義の系譜』角川ソフィア文庫、２０１８年

Karl Barth『The epistle to the Romans』Oxford University Press, 1933

Karl Barth『Der Römerbrief 1922 : zweite Fassung』Theologischer Verlag, 2010

カール・バルト、小川圭治・岩波哲男訳『ローマ書講解 上』平凡社ライブラリー、２００１年

カール・バルト、小川圭治・岩波哲男訳『ローマ書講解 下』平凡社ライブラリー、２００１年

カール・バルト、安酸敏眞他訳『19世紀のプロテスタント神学 下』新教出版社、２００７年

北森嘉蔵『宗教改革の神学』新教出版社、1960年
富岡幸一郎『使徒的人間―カール・バルト』講談社文芸文庫、2012年
フォイエルバッハ、船山信一訳『フォイエルバッハ全集第9巻』「キリスト教の本質 上」福村出版、1975年
ヨゼフ・ルクル・フロマートカ、平野清美訳、佐藤優監訳『神学入門―プロテスタント神学の転換点』新教出版社、2012年
ベルヂァエフ、宮崎信彦訳『マルクス主義と宗教』慶友社、1951年
H・G・ペールマン、蓮見和男訳『現代教義学総説』新教出版社、2008年
アリスター・E・マクグラス、神代真砂実訳『キリスト教神学入門』教文館、2002年
マルクス、中山元訳『ヘーゲル法哲学批判序説』光文社古典新訳文庫、2014年

エルンスト・ヘッケルを中心としたダーウィニストの思考と理論の構築・受容プロセスを踏まえた科学教育のあるべき姿勢の認識

増田崇至（ますだ たかし）
一九九九年七月二四日生まれ
現在、同志社大学 生命医科学部 医生命システム学科
大学で生命科学(特に、疾患と抗酸化の関連)を学ぶ

【本論稿の目次】

はじめに

チャールズ・ダーウィンが著書『種の起源（On the Origin of Species by Means of Natural Selection）』（１８５９）の中で示した進化論学説、いわゆるダーウィン進化論は後世の社会にはかり知れないほどの影響を及ぼした。そのインパクトは生物学の領域にとどまらず、社会学や経済学の領域、はたまた形を変えて政治やビジネスの場で転用されるといったように極めて広範な領域にわたっている。

この論文では、以下のような観点からダーウィン進化論がいかにして誤解されて広まっていったかを紐解くと同時に、この反省を現代の教育の現場でどのように生かせるかを考察することを目的としている。

第1章では、ダーウィン前後の進化論学説を取り巻く科学の流れを、時系列を追いながら確認していく。第2章では、それを踏まえてダーウィニストという思想家たちの思考を捉えるために、代表的なダーウィニストの一人エルンスト・ヘッケルを扱う。第3章では、一般的な科学的理論の構築プロセスと市民への受容プロセスを理解し、その上で進化論学説の利用を認知科学的な比喩解釈の立場から考察する。第4章では、ヘッケルの唱えた「教育改革」における「綜合科学」と、現代において要求されているＳＴＥＡＭ教育を比較しながら、今後の科学教育のあり方について述べる。

第1章　ダーウィン前後の「科学」の系譜

　十九世紀のヨーロッパにおいて、ダーウィンの唱えた進化論学説は学知の中枢を占めていた。その影響は当時の学者のみにとどまらず、一般の市民にも波及していった。この原因を理解するためには、当時のヨーロッパにおける思想の基盤を知っておく必要がある。

　進化論をはじめとした生物学ないしはその前身である博物学の源流は、アリストテレスの思想に存在する。「万学の祖」ともよばれるアリストテレスが分類・体系化した学問の一つである動物学が、今日の生物学の起源といえるであろう。彼の著書の一つである『動物誌』では、目的論的な観察および解剖に基づき、動物の血液の有無を中心に据えた独自の自然分類法が展開されている。その対象には、キリスト教的な世界観では種々の動物とは完全に区別されるヒトも含んでいる。

　アリストテレスの目的論的な観察様式は、現実主義の立場に基づいている。彼の認識論におけるエイドス（形相）とは、現実の個物に内在している本質を指す。すなわち、あらゆる物体を物体たらしめているのは、全ての事物にエイドスが宿っており、その達成が目的として必ず存在しているからである。このような思考が彼を内発的に動機づけたことで、彼は、目的を探るアプローチとしての観察を多く行っていたと考えられる。

ただし、アリストテレス主義において観察は重要であるが、今日の科学研究の根幹となる実験に関しては決して重要とはいえなかった。アリストテレスは論理学を体系化し、演繹法の中心である三段論法を確立したことでも知られている。ある実験から得られた複数の結果を統合し、帰納的に自然法則を導くという行為は、真の公理を導く上での方法として演繹法を支持した彼の思考に反している。帰納法においては、たとえ妥当な方法をとっていたとしても、得られた結論が真であるということは保証されないのである。このような「真」である結論のみを積極的に受容しようという姿勢は、17世紀科学革命前夜まで、科学研究の進歩を遅らせてしまう要因の一つとして存在していたのである。

アリストテレスの師にあたるプラトンの思想も近代ヨーロッパの思想を理解する上で重要であるのでここで取り上げておく。プラトンはアリストテレスとは全く異なり、主知主義的な哲学を有していた。彼にとっての形相には、「感覚的存在を超越した自己同一的な存在としての真実在」である「イデア」が中核に存在していた。すなわち、ある物体の抽象的な概念こそ我々は知っていると見なすが、その真の実在は我々の感覚の範囲では不可知なのである。プラトンにとっての認識論は、イデア界と現象界という二元論で構成されていた。我々が存在するのは現象界であり、我々の知覚できる事物は感性的対象として形をとってあらわれた形而下に過ぎないである。

プラトンはこのような哲学のもとで、感覚的経験を超越した対象を扱う学問を第一哲学として確立したのである。すなわち、第一哲学とは形而上学（metaphysics）である。

これに対して第二哲学とは、自然学（physics）のことを指す。現代の自然科学と自然学の徹底的な違いは、そこに十分な経験が存在するか否かである。先に述べたように、自然法則を論理的に説明するための手段として実験が好まれないアリストテレス哲学では、観察と理性のみが自然の本質を知る唯一の手がかりであった。そのため、科学革命前夜までは、今日のように精密に自然界の現象や事物に向き合うことはなく、人間の理性を中心とした方法で自然界が理解されていた。第一哲学である形而上学と第二哲学である自然学、そして数学はそれぞれ独立した学問であったというのが、現代の学問の枠組みとは大きく異なる点である。

中世まで、ヨーロッパでは伝統的なキリスト教的世界観がこのような自然界の理解の方法に強く影響していた。トマス・アクィナスの『神学大全』以後、アリストテレス哲学とキリスト教とが調和され、一つの体系をなしていた。特に、宇宙に対する理解においては、神の国の存在と、アリストテレスが示した「エーテル」という元素の充満した宇宙観とが融合した秩序的な世界として受け入れられていた。このことは、ダンテの『神曲』に登場する文学的な宇宙像にも反映されている。この物語の中では、地球以外の惑星や月が人間の運命を左右する存在として描かれており、人間の存在する地球の中心に地獄が、地球から遥か高い場所に神の国が位置している。このような、アリストテレスやローマ・カトリック教会の持つ自然観を目的論的自然観とよぶ。

ダンテ以後、教会の権威から離れた本来の人間らしさを求めたヒューマニズムの時代、すなわちルネサンスの時代が展開されていった。同時代、科学革命の先駆けとして登場したのが、コペルニクスの示した地動説である。中世までは、有限の宇宙において地球が中心に位置するという、プトレマイオスの宇宙観が保守的に維持されていた。彼の最後の著書となった『天体の回転について』では、「宇宙が球体である」という保守的な要素を保存しつつ、大量の観測データを論理的に説明できる方法として地動説が唱えられた。

近世に入り、フランスのデカルトは、「精神」と物体である「身体」を完全に区別する物心二元論を唱えた。彼は、精神は神学の対象として、身体は自然学の対象として学問的に分業した。このことは、中世までのスコラ学を痛烈に批判し、理性による自然学の探求を導かせる明晰なきっかけの一つとなった。このような理性中心の世界観はパスカルやスピノザ、ライプニッツとともに大陸合理論を形成していった。

デカルトの二元論は、宇宙観にも及んでいた。ダンテの『神曲』に代表されるような中世までの宇宙観では、宇宙という特殊な空間に精神や運命を左右する要素を含んでいた。デカルトの宇宙にはそのような役割を果たす天体や「エーテル」は存在せず、宇宙は人間の存在する地球と同様の組成であると説明した。宇宙の有限性についても否定し、地球が世界の中心であるという保守的な宇宙観は崩壊していったのである。

デカルトと同時代、イギリスでは人々の事物の理解の方法はアリストテレスの唱えた演繹法からベーコンの著した『ノヴム・オルガヌム』で提唱された帰納法へと変化しつつあった。これによって、それまでの演繹法の範疇で認められていた観察だけでなく経験ないしは実験も重視されるようになり、より現代の精密科学に近い方法論が確立していったのである。イギリスでは、その後18世紀頃までロックの「タブラ・ラサ（白紙）」の考えやヒュームの懐疑論といった経験主義的な思考の枠組みが一般にも広まっていた。

デカルトの持った新たな自然観こそが機械論的自然観であり、近世はまさに目的論的自然観からのパラダイムシフトの時代であった。機械論的自然観は数学との親和性が極めて高く、それまで独立していた自然学と数学が徐々に融合していった。数学の対象は、天文学やこの頃ニュートンによって大成された古典力学へと、徐々に広がっていた。

以上のことをまとめると、科学史上、近世は最も現代科学へと躍進した時代であったことがわかる。第一に、機械論的自然観によって、自然界の持つ目的を排除する思考が普遍的になった。第二に、イギリスを中心として帰納法が再認識され、複数の経験を統合して自然法則を発見することが可能になった。第三に、数学が世界を理解するための道具として扱われるようになった。この三点が、現代の自然科学研究のルーツとなる点である。

デカルトが身体を機械と見なした時代、「見える世界」の広がりが急激に拡大されていた。オランダの博物学者であったレーウェンフックは、精巧な光学顕微鏡を発明し、直径10 μm以下の細菌の観察に初めて成功した。ガリレイは、自作した天体望遠鏡で観察したガリレオ衛星や太陽黒点の姿を『星界の報告』にて説明している。ケプラーはガリレイ式望遠鏡を改良し、より高倍率での天体観測を可能とした。物心二元論の立場からは、これらの顕微鏡や望遠鏡は機械である身体の一部、すなわち人間の持つ眼と同様に研究に使用することが許されたのである。

「見える世界」の拡大は、ベーコンの「自然に従うことによってのみ自然を征服できる」という信念と相俟って18世紀の博物学の隆盛を招いた。この時代、世界では未だ自然界のあらゆる産物は神によって創造されたものであるという考えが強く影響していた。スウェーデンの博物学者リンネは、植物・動物・鉱物の分類体系を構築したことや学名における二名法を発明したことで有名である。リンネの著書『自然の体系』のタイトルには、上述のベーコンの信念が大きくあらわれている。その内容は、植物の雌雄蕊に代表されるように人間の眼で直感的に理解できる特徴に基づいており、実用性を与える側面も大きかった。

リンネの分類体系にはヒトも含まれており（*Homo sapiens* はリンネによって記載された）、この点ではアリストテレスの動物学と同様であった。リンネの功績として誤解されがちであるのが、リンネは分類法を確立したのであって系統分類を確立したのではないという点である。すなわち、リンネの分類体系では各生物種の特徴的な形質に基づいて「分ける」ことに重点が置かれたのであって、ダーウィンが後に示すような生物種どうしの「家系図のようなもの」を示すことが目的ではなかったのである。ダーウィンが進化論的な時間軸を持ち込んで学説を唱えたのに対して、リンネは静的な自然界の把握を行ったに過ぎず、それ故に彼にダーウィンほどの激しい批判が生じるには至らなかったのである。

系統の要素が導入されたのは、ラマルクが1809年に発表した『動物哲学』が最初といっても過言ではないだろう。ラマルクは、頻繁に使用される器官の特徴が次世代にも保存され、使用されない器官は淘汰されていくという用不用説を唱えた。これに加えて、環境に対応するために得られた獲得形質は遺伝するという説も唱えた。これに伴い、生物は時間の流れに従って単純な祖先が複雑性を漸進的に獲得していくという系統の概念が示された。

ここで、ラマルクの進化思想がダーウィンの唱えた進化論と決定的に異なる点は、共通祖

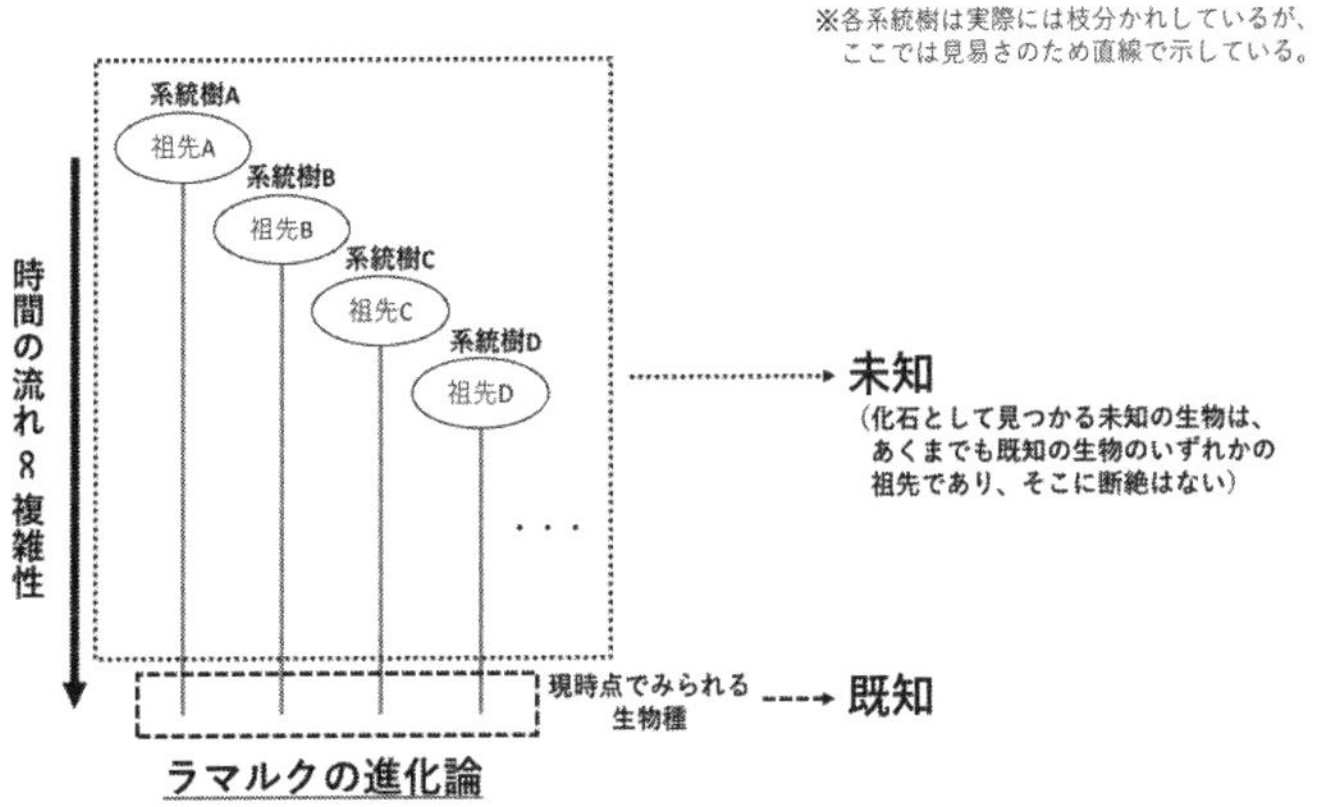

図１　ラマルクの進化の考え方

先の考えがラマルクにはなかったという点である。ラマルクの進化論では、現在の自然界に存在する個々の生物個体にはそれぞれ祖先A、祖先B、祖先C……といったように異なる系統樹の根が存在していた。彼は、それぞれ固有の系統の道筋を有する生物個体が、現在の自然界で見られる特徴によって人為的に分類されるべきでないという思考を持っていた。このような考えから、彼は生命史に断絶はなかったとして生物種の絶滅を認めていない（図1）。

ラマルクは、リンネの時代にも見られたような人間中心主義を尊重していた。『動物哲学』では、ヒトは哺乳類の中で最も最高位の動物であり、自然界の生物種のうちヒトが最も複雑な生物種であることが示唆されている。すなわち、系統樹の枝の頂点にヒトが位置しているという考えである。

この考え方は、いわゆる無脊椎動物が「下等生物」と一般的によばれているという点で、少なからず現代にも残っているといえるのではないだろうか。

近代ヨーロッパの思想に話を戻すが、18世紀後半ドイツでは、フランスを中心とした啓蒙思想からの反発でドイツ観念論が生まれていた。カントは、人間の理性の批判によって大陸合理論とイギリスにおける経験論とを調和させ、自律的な人間性の尊重を目指した。その後、フィヒテ、シェリング、そしてヘーゲルによって完成されたドイツ観念論は、自然や国家、歴史といった空間を自我の存立の基盤として認めた。

文学界においても同様に、啓蒙主義を批判する立場であるロマン主義がこの時代に登場している。18世紀中頃、フランスの哲学者ライエルがデカルトの動物機械論を明確に人間に応用した『人間機械論』を出版した。機械論的自然観が人間の感情を脅かす事態に対する立場として、この頃から人間の個性を重視した文学作品が多く誕生した。グリム兄弟のグリム童話や、ユゴーの『レ・ミゼラブル』がその代表である。

ドイツ観念論やロマン主義は、国家統一に闘志を燃やしていたドイツにおいて、人々の革命思想の拠り所となっていた。一方で19世紀の自然科学の立場からは、人間——ヒトを含む生物学は、天文学や物理学、化学のように数学の言葉や機械論的自然観では上手く説明できない、それらとは異質な学問分野であるという考えが強まっていた。

ラマルクにより『動物哲学』が出版されてから50年後の１８５９年、ダーウィンは『種の起源』を出版した。彼の主張の大部分を占める自然淘汰説（あるいは自然選択説）は、家畜や育種植物の人為淘汰と同様のことが自然界でも生じているというものである。具体的には、生物の生息する環境に対して、生存に有利な変異を獲得した個体が増加していき、種の集団としての進化につながるという内容である。ガラパゴス諸島に生息するダーウィンフィンチがその代表例である。なお、「適者生存」という言葉はダーウィンのオリジナルのものではなく、社会学者ハーバート・スペンサーによる造語である。

すでに述べた通り、ダーウィンは共通祖先の存在を前提として、神による創造説に反対する立場をとった。『種の起源』第6章では以下のように説明されている。

「創造説では、生物は自然の中の適切な居場所にそれぞれ適合するように個別に創造されたと考える。ところが、多くの独立した生物の部位や器官のすべては、段階的な移行をなすように一列に並べることができる。……（中略）……自然淘汰は、連続するわずかな変異を利用することでしか作用できないからだ。自然淘汰は飛躍せず、少しずつゆっくりと前進することしかできないのだ。」[1]

ここで留意したいのは、自然淘汰は「より優れたものに変化する」ということと同義ではないということである。ラマルクの進化論のような、進化の過程で複雑性を有していくということをダーウィンは説明しておらず、進化の方向性は一方向に限らないのである。

しかし、この誤ったダーウィン進化論の理解がナショナリズムの時代かつ実証主義の時代であった19世紀ヨーロッパでは、イデオロギー的に都合の良い理論として利用されたのである。実証主義哲学を主張し、社会学の祖として知られるコントは、人間の精神が神学的状態から形而上学的状態、実証的状態へと至るという三状態の法則を史実になぞらえて提唱した。人間の思考および文明の進歩というひな形に、ダーウィン進化論は押し込められていってしまうのである。

スペンサーの社会進化論では、社会を生物有機体と比較する中で、構造が単純なものから複雑なものへと変化していくというようなラマルク的な進化を念頭に置いている。有機体を規制する外的システムとして、神経線維を一時的首長、神経節を永続的王権、大脳（中枢神経）を国家（行政機関）と置き換えているのがその例の一つである。[2] ダーウィンは自伝の中で、スペンサーを「かれの演繹的やりかたは、私の心のもちかたとはまったくちがったもの」「かれの結論が私を納得させたことは一度もない」と強く批判している。[3]

スペンサーの社会進化論は主に、南北戦争終結後のアメリカ合衆国で広く受け入れられた。

南北戦争に勝利した北部はイギリスに対して高額な関税を課し、国内産業を育成する保護貿易という方法で保守的な政策をとっていた。国内での資本主義の高まりによって、アメリカ国内では、アダム・スミスの『国富論』に登場する自由放任主義が世俗化して広まっていた。社会有機体が不可避に高次性を高めていくという考えは、老子の説いた無為自然のような、人為的な働きかけを行わないという解釈で自由放任主義と親和性を高めていた。

この一方で社会進化論は、ダーウィンの従兄弟であるF・ゴルトンが考案した優生学と親和性を高め、後にホロコーストを招く思考の源となった。ヒトラーは、社会ダーウィニストの一人であったM・グラントの著書『偉大な人種の消滅――ヨーロッパ史の人種的基礎』にこの着想を得たといわれる。この書でグラントは、精神活動が頭蓋骨の外形と関係するという骨相学を人種に応用し、そこから一見科学的に見える根拠のもと人種の優劣を分類した。「劣った人種」との「交雑」は、「優れた人種」を絶やしてしまうという論理の優生思想が展開されたのである。ヒトラーの持っていた北欧諸国崇拝のイデオロギーに、優生学的な「証拠」が浸透したことで、ユダヤ人大量虐殺の引き金が引かれてしまったのである。[4]

20世紀以後のダーウィン進化論の各国への波及は、ソ連におけるルイセンコ学説の台頭や現代アメリカを中心としたインテリジェント・デザイン論との対立など事例を挙げれば切りがない。20世紀になると、スペンサーの社会進化論そのものはすでに古い考え方であるとして受け入れられることはほとんどなくなったが、分子生物学の成熟以後もダーウィン進化論を巡る論争は多数巻き起こっているのである。

ここまで見てきたように、ダーウィン進化論が民衆の間に広まり、誤解を伴って世俗化した大きな要因はスペンサーをはじめとしたダーウィン以後のダーウィニストとよばれる人々の影響が大きい。今日の自然科学の枠組みにおいては、20世紀中頃以降の急激な分子生物学の発展の成果もあり、かつての機械論的自然観に近い精密性を持った自然科学の一つとして生物学が捉えられている。それは、生命科学が化学や物理学を前提とした枠組みの中で語られているということと同義である。しかし、生物学が他の自然科学の分野と比較して「異質」であった近代に登場したダーウィン進化論は、複数の国家的・社会的なイデオロギーにとって都合よく安易に吸収されてしまった。

次章では、もう一人の甚大な影響力を持ったダーウィニストであるエルンスト・ヘッケルを具体例に挙げ、ダーウィニストたちの思考について考察していく。

第2章　ヘッケルを中心としたダーウィニストの思考

まず、ヘッケルについて触れる前にダーウィニストという語について定義しておく。科学評論家である八杉龍一氏は訳書『ダーウィニズム論集』の緒言で、本書の編訳に選ばれているスペンサーやヘッケル、T・H・ハックスリらを「著名のダーウィニスト」あるいは「進化論に関心深い学者ないし思想家」であると表現している。[5]すなわちダーウィニストとは、ダーウィンの思想や進化論学説の流れを汲む、ダーウィンの思想的支持者のことである。これは、八杉の定義にのっとっている。

もちろん〝Darwinism〟という語は『種の起源』が発刊された19世紀のダーウィン説に基づいており、〝Darwinist〟あるいは〝Darwinian〟という語はそこから派生している。しかし、未だに反科学主義が色濃く残るアメリカでは、創造論者によってこの〝Darwinism〟の語の内に世俗化した意味合いが付加されている。具体的には、ダーウィンが上手く説明することのできなかった生命の起源という観点において、あたかも彼が真っ向から神による創造を否定していたかのような意味合いを持たせている。[6]これに加えて、第1章で述べたようにスペンサーをはじめとした社会進化論の発展がアメリカでは顕著であったため、その影響もあり現代の文脈で〝Darwinist〟という語が使われることはほとんどない。一般的に現代の「進化論者」をあらわす〝evolutionist〟とは、ここでは明確に区別しておく。

さて、ヘッケルという人物と彼の育った環境について概説しておく。ヘッケルは動物学者と称されることが多いが、ダーウィニストである（とされている）以上、思想家ないしは哲学者ともいえるだろう。この章では、著名なダーウィニストの一人であるヘッケルの思考を理解し、それがいかにダーウィン本来の考えと乖離しているのかについて確認していく。なお、この章は、2015年9月に発行された佐藤恵子氏の著作『ヘッケルと進化の夢――一元論、エコロジー、系統樹』(工作舎)の内容をもとに論じていく。

1834年2月、ヘッケルは、ドイツのポツダムに位置するプロテスタントの家庭で誕生した。彼の生まれた当時のヨーロッパでは、反ウィーン体制の運動が各地で見られた。自由主義と統一を目標に掲げたブルシェンシャフトの活動のように、領邦国家であったドイツもその例外ではなかった。その影響はロマン主義という形で当時の文学作品の中にあらわれており、その代表的なロマン主義者の一人が、後にヘッケルが自身への多大な影響について言及するゲーテであった。ヘッケルは、ゲーテの思想に強い感銘を受けていた父カールの影響に加えて、実際にゲーテとは遠縁関係にあった。そのため、彼は幼少期から受動的にゲーテの思想が注入されていく環境にあったといっても過言ではない。

ヘッケルといえば、写実的で色鮮やかなクラゲや放散虫のスケッチに心動かされたことのある読者もいるであろう。あるいは、高校生物の範囲でリンネの二界説に続く「三界説」の提唱者の一人としてその名前を知っている読者もいるかもしれない。いずれにせよ、それらからは、彼の生物学ないしは博物学に対する造詣の片鱗をうかがうことができる。

ヘッケルの博物学への目覚めは、幼少期における母シャルロッテおよび家庭教師カール・グーデの影響が大きい。野外へ積極的に連れ出された幼少のヘッケルは、自然観察を重ねるにつれて、後にそれが生業となるほどに好奇心を養っていったのである。彼の蔵書、植物における細胞説を唱えたシュライデンの著作『植物とその生活』（１８４８）は、顕微鏡での観察を中心とした手技を彼に与えた。博物学の分野では、フンボルトの『自然の景観』（１８０８）やダーウィンの『ビーグル号航海記』（１８４５）を熱心に読み込んでいたという。[7]

青年期、ギムナジウムを修了したヘッケルはベルリン大学医学部へと進学した。現代の大学では、動物学や植物学といった分野は農学部やその他の理学部のもとに設置されていることが多いが、当時はこれらの分野も医学部のもとに設置されていた。彼は現在での国内留学のように、ベルリン大学とヴュルツブルク大学医学部を転々としながら学んでいた。最初期は植物学への傾倒はあったものの、ヴュルツブルク大学で熱心に医学を学ぶようになっていた。しかし、次第に医者になることは不向きであると感じるようになった彼は、ヒト以外を扱う比較解剖学への興味が沸々と湧いていた。その対象こそがクラゲや放散虫といった海棲無脊椎動物（ただし、現在の分類体系では放散虫を「動物」とは見なさない）であり、後に動物学者としてその名を轟かせる契機となったのである。

その後のヘッケルは、1854年夏には生理学者ヨハネス・ミュラーに率いられてヘルゴラント島での採集実習を、1856年には組織学者アルベルト・フォン・ケリカーの指導のもとニースでの地中海体験を受けた。この頃、ヘッケルは病理解剖学者フィルヒョウの講義で機械論的自然観に魅せられていた。その熱心に学ぶ姿勢をフィルヒョウは評価し、彼は病理解剖学講座の助手に任命された。しかし海棲無脊椎動物により興味があった彼は、博士論文にはケリカーに薦められたザリガニの組織をテーマとして採用し、1857年には医学博士号を取得した。[8]

大学卒業後のヘッケルは、イェーナ大学医学部教授（担当は動物学）と動物学博物館の館長という二足のわらじを履いて生活していた。1864年2月、ヘッケルの最愛の妻であったアンナが危篤状態となり、まさに彼の30歳の誕生日にアンナは息を引き取った。この救いようのない出来事の反動から、当時まで彼を支配していたプロテスタンティズムに基づく二元論は崩れていった。彼の研究の目的が現実逃避に変化していた最中に執筆した著書『有機体の一般形態学』（1866）では、唯物論とは異なる彼独自の一元論的世界観が展開されている。彼の「世界の進化過程のあらゆる場所に、作用する原因だけを認める」姿勢は、その後の著書の中でも確固たるものとして担保されている。[9]

ここまで、ヘッケルの大まかな生い立ちとそれに伴う思考への影響となるポイントをピックアップしてきた。はたしてヘッケルは、自らの思考とダーウィン進化論のどのような点を重ね合わせ、一元論的世界観を構築していったのだろうか。

ヘッケルの唱えた一元論のルーツは、ゲーテの思想に存在する。ゲーテは、デカルト発の大陸合理論の形成過程で登場した、スピノザの汎神論に大きな感銘を受けていた。自然と神との連続性を指摘した「神即自然」の考え方は、ゲーテによって、生き生きとした自然と人間の区別を取り払うという独自の自然観として継承された。なお、ゲーテの考える神とは、自然に内在・遍在する自然神であり、本来のキリスト教が主張する人間の意識の範疇では捉えることのできない超越した存在としての神ではない。

我々がよく知っているゲーテの詩人あるいは文学者としての顔は、彼を構成するほんの一部でしかなかった。自然と人間との関連性を中心として、彼は自然科学における研究にも勤しんでいた。ちくま学芸文庫などから邦訳が出版されている『色彩論』はその一例である。

ヘッケルが著書のタイトルにも扱う「形態学（Morphologie）」という語は、ゲーテの造語である。ゲーテは「形態学」を「生物形態の形成（Bildung）と変形（Metamorphose）」の学問であると定義し、やはりその根幹には自然との関わりが重要視されていた。彼にとっての自然は神秘的かつ動的なシステムであり、その起点には「原型（Urtypus）」が存在するのである。[10]

妻アンナの死後、ヘッケルにとっての信仰の対象はプロテスタンティズムからゲーテの思想へと完全に移行し、それは確固たるものとなった。ヘッケルが初めてダーウィン進化論に出逢ったのは、その4年前の1860年夏のことであった。自然選択説での生物進化モデルは、ゲーテの形態学における動的な形態形成の理論と重なる部分を多く有していた。彼はこのことにすぐさま気がつき、自らの形態学理論の発展基盤の形成を目的として、当時批判の多かったダーウィン進化論の普及ならびに改良に努めたのかもしれない。

自らに内在していたプロテスタンティズムからの支配を逃れたヘッケルは、自然選択説の合目的的な理論の展開を排除しようとした。ダーウィンの合目的的な理論の展開は、キリスト教での超越性を有する神の存在を否定しないための口実であったといえる。この点を排除する、すなわち「『神即自然』に近い立場」から進化論を捉えるための手段として生まれたのが一元論的世界観なのである。なお、ここで「『神即自然』の立場」という表現にしなかったのは、ヘッケルの考える神とはゲーテの考えとは厳密には異なり、自然を形成する唯一の因果律こそが神であると考えていたからである。[11]

ヘッケルの発生学理論として最も有名なものが、「個体発生は系統発生を繰り返す」という仮説（「生物発生原則」）である。個体発生とは、受精卵から胚の状態を経て、幼生から成体になるまでのプロセスを指す。これに対して系統発生とは、進化規模の長期的な時間の中で生じる、生物種の形質の変化のプロセスであり、この言葉自体がヘッケルの造語である。そして、個体発生と系統発生のアナロジーを主張したのが、「生物発生原則」なのである。この仮説が明確に示されているのは『有機体の一般形態学』（第5部16章）であり、以下のように述べられている。

「私たちが、この最も重要な関連性を完全に認識し、この特別な価値を正しく評価できるのは、当然ながら、進化論があってこそなのである。進化論だけが、私たちに、発達史の驚嘆すべき現象を理解する鍵を与えてくれ、個体発生が系統発生の短い反復に他ならないことを示してくれるのだ。……（中略）……進化論だけが、私たちに有機体の発達史を説明することができる」[12]

このように、ヘッケルはダーウィン進化論を強く支持した上で、それを自身の仮説の手掛かりとしている。また彼は、この著書が出版される3年前にドイツで開かれた講演では、ダーウィン進化論を以下のように説明している。この講演は、ダーウィン進化論が初めてドイツで公に紹介されたものである。

「……それゆえ、どんな種も独立に創造されたのではなく、最初のものたちさえ例外ではありません。そうではなくて、あらゆる種は、いくつかの少数の、徐々にかつ漸次的にではあるがたえまなくはたらき高度の完全化に向って押し進めていく進化法則のもとで、生じてきたものです。……（中略）……新しい種は、すでに成り立っている種があって、そのものから生じることができるのです」[13]

以上のことから、ヘッケルはダーウィン進化論を「現時点までの完全性を増していくプロセス」と捉え、それを自身の信念である「動的な形態の変化のプロセス」と類比していることがわかる。形態学者であるヘッケルとしては、観察可能な個体発生の様子と、新たに打ち出された観察不可能な学説の調和は非常に都合の良いことであったのだろう。

進化論学説は、観察のできない学説であるために従来の科学的理解の方法論では説明が困難であり、そのために批判されたという一面もある。これを観察可能な科学である形態学の立場から類比によって理解し克服していくという大胆な試みは、ヘッケル自身にとって重要なことであった。形態学の動的なシステムを説明するために、進化論学説ほど有用な道具は他にないからである。いわば、形態学の説明のために、形態学をもって進化論学説の不完全性を補っていくということを果たそうとしたのである。つまりこれは、アナロジーとアブダクションの組み合わせによる推論である。アブダクションの内容については第3章で述べる。ヘッケルの場合は、形態学との類比からダーウィン進化論を引用し反復説を提唱したが、これは他のダーウィニストについても同様といえよう。第1章で述べたH・スペンサーの場合は、社会学における実証主義との類比の中でダーウィン進化論を強く支持し、社会進化論を提唱したのである。当時はまだダーウィン進化論が仮説であったにもかかわらず、ダーウィニストたちは仮説の引用で新たな仮説を立てるといったことをしていたのである。

ヘッケルの仮説とダーウィン進化論との乖離は、ここから大きく広がっていくこととなる。その原因が、ヘッケルに根差している一元論的な見方である。この思考では、かつてデカルトが提唱した物心二元論のように物体である人間とその心（精神活動）とを区別せず、連続したものと捉える。このことはダーウィン進化論の引用の中でも重視されている。進化と人間の精神発達の関係についての意欲的な姿勢は、以下に示した『有機体の一般形態学』第7部28章であらわれている。

「したがって、文明人の高度に分化し洗練された精神活動を正しく理解するためには、それが子供においてどのように次第に目覚めていくのかを調べるだけでなく、より下等な自然人においてどのように段階的に発達するのか、そして自然人が進化してきた源である脊椎動物の場合ではどうかも調べてみなければならない」[14]

この点においても、後にヘッケルは個体発生との関連性を見出していく。このような類比になると、進化という観点から離れて、生理心理学に近い説明に変化してくる。70歳のヘッケルが著した『生命の不可思議』（１９０４）には、以下のような説明がある。

「胚には『精神』はなお存在せず生後、満一か年で、精神器官すなわち大脳皮質部のフロネマが分化したときに初めて現出する。この面白い事実を生物発生原則によって説明すれば、脳の個体発生は、その系統発生の短縮した反復、すなわち遺伝律に従う『系統発生の約説』である」

「我々人間の身体の他のあらゆる器官と同じく『精神器官』である脳に対しても次の如き生物発生原則は無制限に適用される。すなわち我々は直接観察しうる個体発生的事実を基礎として、我々の動物祖先がその系統発生の階段において、数百万年を経過する中、同様な発達の順序を経たと結論しうる。そして比較解剖学は、この結論に対して有力な確証を供する」[15]

ここでの「フロネマ」とは、「最も完全な動力器官でその個々の部分、すなわち思想器官は無数の心霊細胞から構成せられる」と説明されている。[16] 現代の分子生物学的な立場から見れば、極めて異端で不可解な表現である。

この引用に続く文章では、魚類をはじめとする脊椎動物の脳の形態について述べられている。すなわちここでヘッケルがいっていることは、「精神器官」としての脳の発達段階が精神の発達と比例しており、そのことは他の下等生物との脳の形態やサイズの比較からは容易に結論づけられるということである。

この理論の問題点は、この比例関係に従って精神的発達が進んでいくことが前提であり、発達障害者に対しての配慮が全くなされていない点である。古生物学者のS・グールドは、この理論の影響として、人種差別思想の助長につながったことを指摘している。この理論を根拠とすれば、正常に精神的発達が見られない人間を劣った人種として扱い、奴隷制を簡単に正当化できてしまうからである。[17] 帝国主義のイデオロギーにとって都合のよいこの理論は、他の優生思想学説との融和を経ながら変化を重ねていった。これが後に、ヒトラーの思考に対しても影響を及ぼしていったのであろう。

以上のように、ヘッケルは自身の「生物発生原則」の主張を推し進める中で、ダーウィン進化論の普及にも尽力した。しかし、彼に根差した一元論的世界観の影響により、その主張の様相は少しずつ変化していた。一元論的世界観を根拠に、形態学と形而上学の境界線までもが曖昧となり、彼の神秘的な表現から、後世ではその科学的功績までも認められない風潮が強まっていったのである。その一方で、社会のイデオロギーの道具として彼の似非科学的な仮説は積極的に採用され、後世に多大な影響をもたらした。

ダーウィニストたちは、その時代の批判を押しのけつつダーウィン進化論を強く支持していた。その本質には、自らの主張の裏づけを目的とする点が大きい。そのような援用の結果、彼らが第一の起因となり後世でのダーウィンのイメージを大きく変化させてしまったのだということを強く念押しして、この章を終える。

第3章　科学的な「わかりやすさ」の二面性

前章で見てきたように、ダーウィン進化論はダーウィニストたちを起点としてその表情を変化させながら現代へと伝わってきた。ダーウィニストたちの多くが出現した19世紀後半から分子生物学が隆盛し始めていく20世紀半ばまでに知れ渡っていた「進化論」は、世俗化により、かつてダーウィンが『種の起源』で示した「ダーウィン進化論」とは決して相容れないものとなっていた。

この章では、科学的理論がどのように構築され、どのように普及していくのかをより一般化した立場から見ていく。基本的な仮説設定の方法論を確認した上で、現代一般の構築プロセスと今回扱っている進化論の構築プロセスを比較する。また、新たな理論あるいは仮説が市民にどのように受容されていくのか、認知科学的な視点から見た比喩的利用の危険性と併せて述べていく。なお、この章で扱うものは「理論」であり、iPS細胞やリチウムイオン電池といったような具体的な「発明品」には言及していないことに注意しておく。

科学的理論の構築プロセスでは、まず前提として、解明を目的とする仮説に関連する定式化された一般理論について知っておく必要がある。科学史家トーマス・クーンは、その定式化された一般理論を「パラダイム」という一種の「枠組み」といい換えており、科学者はこのパラダイムについて予め理解しておくことが重要である。

パラダイム論についてもう少し説明しておく。科学者全体の共通認識として一つのパラダイムが強固なものとなると、それに従って安定した科学コミュニケーションが可能となる。その状態をクーンは「通常科学」とよんだ。しかし、その状態は常に維持されるわけではなく、既存のパラダイムのもとでは扱うことのできない例外的な事象が発見されることがある。こうなってしまうと、科学者間の安定したコミュニケーションは担保されず、理論は分裂していくこととなる。この状態が「異常科学」であり、コペルニクスによってもたらされた地動説の登場以後の科学界の状況はまさにその典型例であった。異常科学の状態を克服し、新たな枠組みが充分に共有されていく段階を「パラダイムシフト」とよぶ[18]。

科学的理論の構築プロセスに話を戻そう。パラダイムの理解の次が、仮説の設定（命題の導出）であり、この方法論が最も重要な役割の一つを果たすこととなる。ここでは一般的に、演繹法と帰納法のいずれかが選択されることが多いだろう。演繹法の場合、因果関係が明確であり、それがすでに裏づけられている一般理論をもとに、具体化した命題を提案する。これに対して帰納法では、経験的に得られたいくつかの事実を総合して普遍的な命題を導き出す。

ダーウィン進化論の場合は、これらとは異なる方法、アブダクションによって命題が導かれた。この方法はアメリカの哲学者パースによって考案された「第三の推論法」であり、具体的ないくつかの事実から、そこには顕在化していない命題（すなわち普遍的な法則となりうる仮説）を導き出すというものである[19]。

ダーウィンがガラパゴス諸島で出逢ったダーウィンフィンチとよばれる鳥類のくちばしは、それぞれの食性によって多様化していた。例えば、小さい種子を主食とするフィンチはくちばしが小さく、反対に大きな種子を主食とするフィンチは頭部とほぼ同等の大きさのくちばしを有していた。ダーウィンははじめ、これらを近縁種と見なさず、研究対象としてあまり重要視していなかったが、自身の行った観察や他の生物学者による報告が重ねられるうちに、それが生命の連続性を紐解く鍵となりうることに気がついた。自然選択説という普遍的な法則は、環境に応じた形質の多様化が複数の生物種にわたって見られることから着想を得て発見されたのであり、その思考方法はまさにアブダクションと同値なのである。

このようにアブダクションは創造的思考法、つまり新しいアイデアを生み出すには画期的な方法である。しかしその反面、演繹法や帰納法と比較して論理的な飛躍が大きいため、論証性に乏しいという問題点がある。この克服のためには、仮説の十分な検証がなされる必要があるのだが、ダーウィンの置かれた時代にはそれは困難であった。

演繹法や帰納法、あるいはアブダクションによって得られた仮説は、検証に基づいて真理に近づいていく必要がある。検証には、実験・観察による事実の収集から帰納法的に理論化していく段階と、批判的実験を行い帰無仮説の棄却を行っていく段階の二つがある。前者は仮説の設定と重なる部分が大きいが、先行研究の結果と新規の研究の結果とを総合することで、人為的に、より仮説に近づくことができる。しかし、そこで実際に得られるのは、証明したい理論の輪郭の一部に過ぎない。そのため、「今まで扱っていた条件とは異なる条件でその結果が起きないことを確かめる」といった批判的実験を繰り返していくことが重要となる。[20]

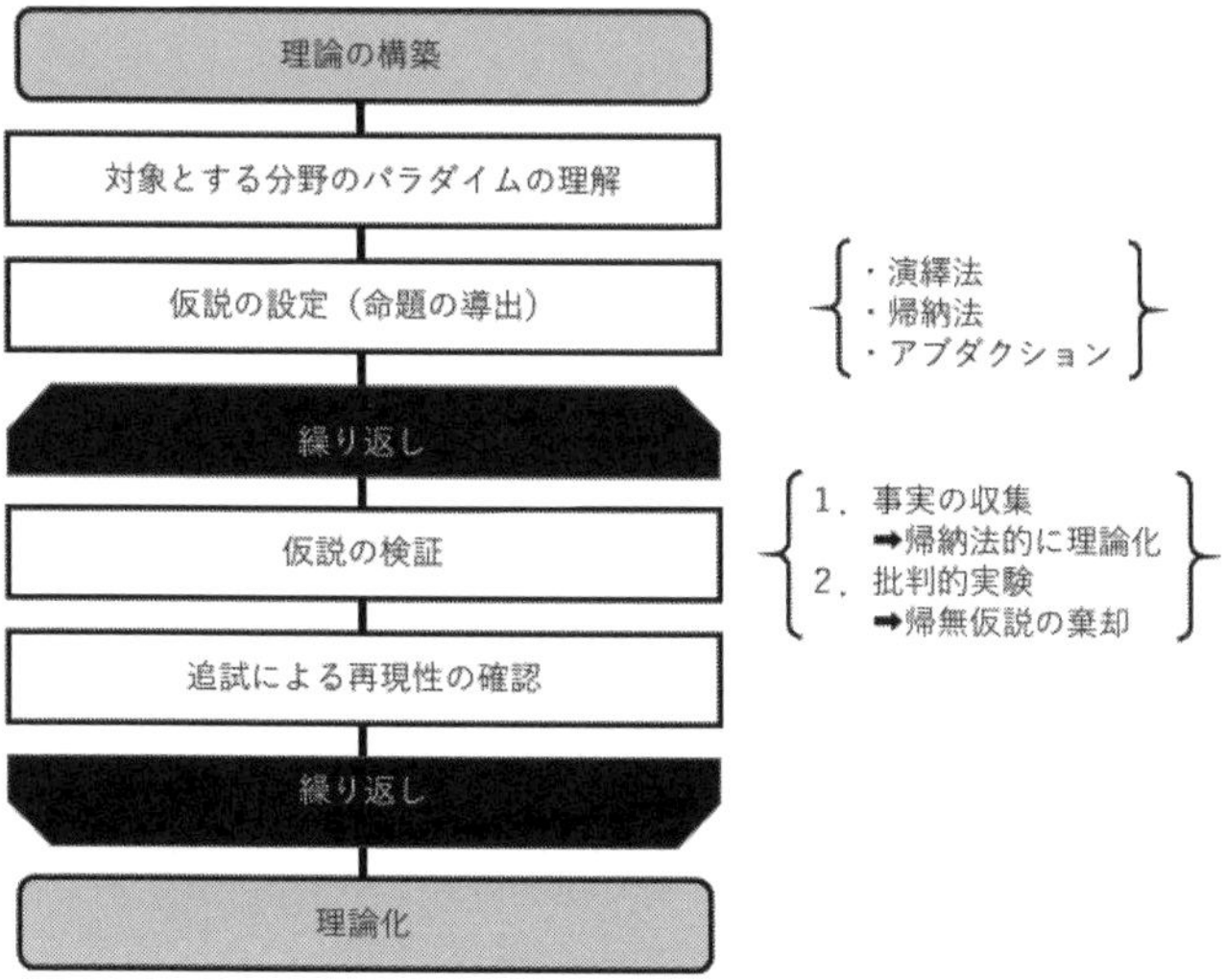

図２　科学的理論の一般的な構築プロセス

以上のプロセスに加えて、その仮説の検証に再現性を伴うかを第三者による追試で確認する必要がある。ここまでに示したのが科学的理論の一般的な構築プロセスであり、これをフローチャートとして図2にまとめた。実際の学術研究では、これをより戦略的に進めていく必要があり、実験計画の段階や予備実験の過程を加えて、PDCAサイクルの方式で進行される。

ここで注意すべき点は、このようなプロセスによって得られた理論がすべて科学的に正しいと判断づけるのは誤りということである。

イギリスの哲学者カール・ポパーは、反証可能性を判断の基準として、対象とする理論が科学であるか似非科学であるかを区別することを試みた。反証可能性とは、ある理論が観察・実験から得られた経験的な事実によって、否定・反論される可能性を持つということである。[21] 反証不可能な理論では、どのような否定や反論に対しても柔軟に適用できるということになるため、理論の一貫性にゆらぎが生じることを意味する。ポパーによって、進化論は反証不可能な理論である、つまり似非科学であるという烙印を押されてしまった。

進化論については反証可能性について考える前に、上述した一般的な理論構築プロセスに従って考える必要がある。ダーウィンの示した進化論では、時代背景的に化石による証拠が少しずつ明らかになっていたのみで、仮説の検証が充分に進んでいなかった。このことをダーウィン自身も『種の起源』の結論部分で把握しており、今後の学術研究によって解き明かされることを期待している。すなわち、進化論の場合は理論化の段階にたどり着く前の、仮説の設定〜仮説の検証の過程で公に主張したこととなるといえるだろう。

そして反証可能性についてであるが、これは、多様な理論を「科学である」あるいは「似非科学である」という二項対立で示している点が問題である。実際には、理論の正しさはスペクトラム性を有している。誰かが完全な自然法則を先験的に理解して、ある理論の絶対的な正しさを判断することは極めて不可能に近いことなのである。これと同様に、昨今多くの政治家やマスコミにも叫ばれるようになった「科学的根拠（エビデンス）」についても、これが経験的な事実から予測されるものである以上、「エビデンスがあるので正しい」と決定づけるのは誤りである。この場合では、誰がその根拠を示しているのかというソースの出処や、検証の方法（メタアナリシスの結果なのか、個人の見解なのかなど）について確認して、そのレベルを判断するべきである。[22]

このように、科学的理論はその絶対的な正しさを証明することが困難である。科学的な正しさというものは、その理論が確立された時代に応じて塗り替えられることを許しており、相対的なものであると理解すべきである。例えば、生物学の教科書の記載が数年前と現在とでは異なっているという事態は、まさにそのことを意味している。クーンのいう「異常科学」の状態は常に発生する可能性があり、それに伴って、そのような方法でパラダイムシフトが起こったということが顕在化していくのである。

次に、新たな理論あるいは仮説が市民に受容されていくプロセスについて見ていく。

ある理論が学会や著書など、公の場で提唱されると、その後の受容プロセスは理論の性質によって左右されることとなる。その理論が、既存のパラダイムを揺るがすような性質を持つ場合は、理論が具体化されていく前の段階（もしくは同時期）に、いくつかの特殊な過程を経ることとなる。ダーウィン進化論も、天地創造説という既存のパラダイムを覆す可能性を有していたため、同様の過程を経たのだといえよう。

特殊な過程の第一段階では、提示された理論に対する反発や解釈の多様化が生じる。ある理論が既存のパラダイムを覆す可能性を持つということは、それが既存のパラダイムでは説明できないことを意味する。すなわち、必然的に「異常科学」の状態が引き起こされるということである。既存のパラダイムと新たな理論とを天秤にかけた際、新たな理論が優位に立つようになるためにはそれ相応の時間を要するのである。また、理論の解釈に関しても、新たな理論を既存のパラダイムの範疇で説明しようと試みる科学者があらわれることから、その方法にばらつきが生じ、結果として解釈が多様化するのである。

特殊な過程の第二段階では、科学的理論がある種のイデオロギーに吸収される可能性がある。ここでいうイデオロギーには、国家的、宗教的、社会学的といった様々な規模のものが想定される。それまでの保守的な思考の枠組みでは到底理解されないような主張が、新たな画期的理論の出現によって容易に説明することが可能となる。

第三段階では、理論の比喩的あるいはアナロジー的利用が横行することとなる。ある理論のアナロジー的な利用によって、それを新たな理論の根拠とすることが容易となる。

ここで、第二段階と第三段階は、「新たな理論を根拠にする」という点で一致しているため、これらが前後する可能性もある。むしろ、新たな理論がイデオロギー的に扱いにくい場合は、そこからアナロジー的に生み出された理論を採用する方が、都合がいいという場合もある。社会進化論のアメリカでの台頭や、ヘッケルの提唱した「生物発生原則」をもとにした人種差別思想の裏づけもそれと同様の類型といえるだろう。

ここまでに示した流れを経て、理論の具体化が進んだ理論は市民に受容されていくこととなる。ここで市民に受容される理論は、その過程であらわれた理論を平均化したものとなる。本来提示されていた理論が理論Aだとすると、それを多様に解釈した理論A'や理論A''、それを根拠として形成された理論Bや理論Cといったものを含み、それらが平均化されていくのである。過程を経る中で衰退していく理論ももちろんあり、それらの平均化への影響は小さい。しかし、ある種のイデオロギーに一度吸収された理論は、複数の理論の中でも際立って平均化に大きく関わるのではないだろうか。このような場合には、市民に受容されるべき本来の理論と、実際に受容されていく理論とでは大きな乖離が生じることとなる。

このような、理論の加工を含む、市民への理論の受容プロセスを図3にまとめた。

ここで、平均化の過程で問題となる、このような理論の比喩的・アナロジー的利用がなぜ危険か認知科学的な立場から考える。我々は生活の中で一般的に、物事の理解のために何らかのモデルを準備して認知を行っていく。このモデルとなりうるものは、経験に基づくものであり、明確な共通理解がなされていることが重要である。このモデルは、以下の三種類のモデルに区別することができる。[23]

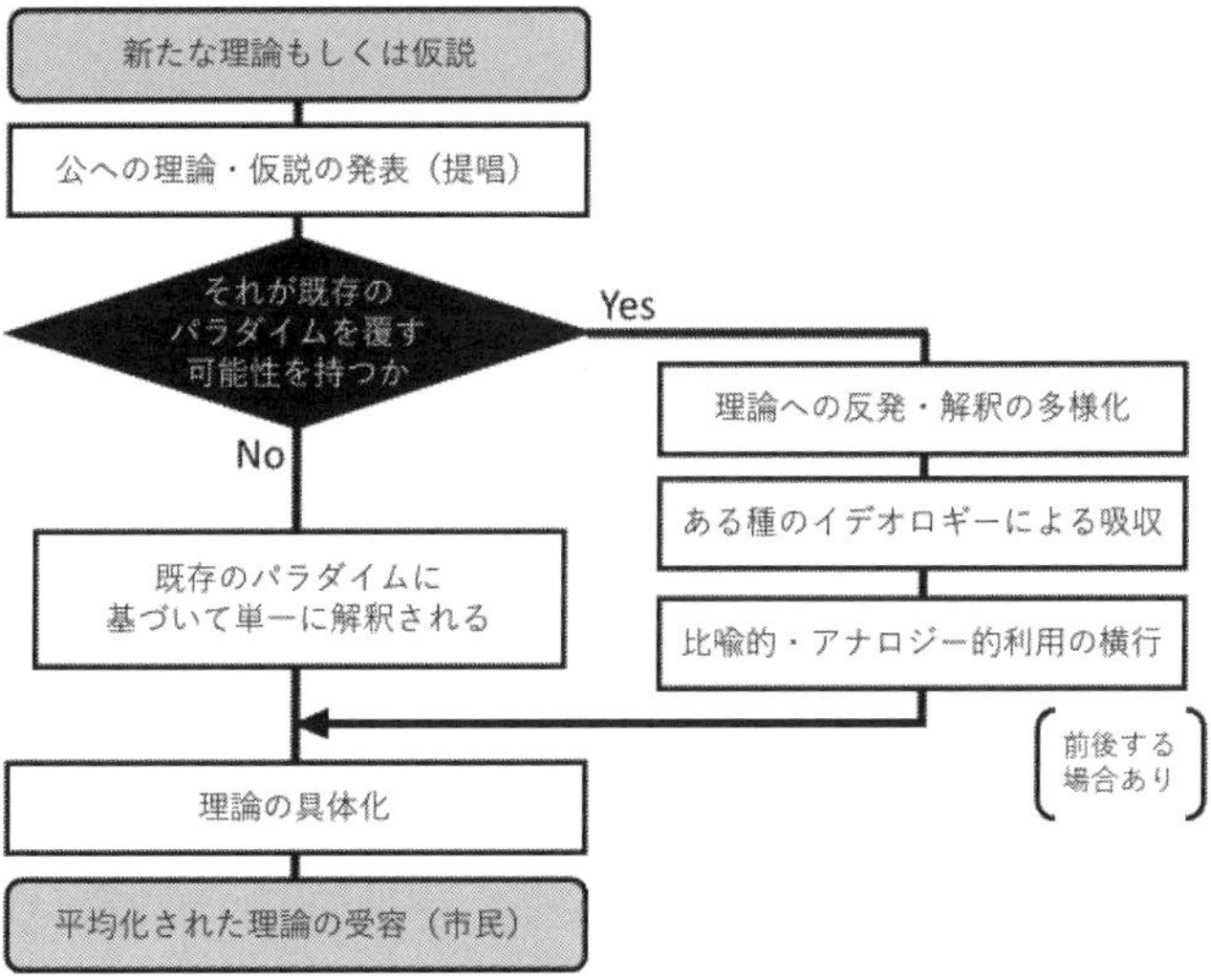

図３　科学的理論の市民への受容プロセス

・モデル１：目標となる対象を作り上げるためのモデル
・モデル２：目標となる対象の基本的な構造や仕組みを表現するためのモデル
・モデル３：目標となる対象を理解していくための例えとしてのモデル

科学的な事象をわかりやすく説明する際には、このうちモデル２やモデル３が用いられる。これらは、未知の科学的事象への理解を目的としている。この代表例としては、中学理科の教科書にも取り上げられているような電気回路モデルがある。電気回路という科学的な事象を初めて目にする生徒が理解できるように、電池を貯水槽に、電流を単位時間あたりに一点を流れる水量に、電圧を水圧（あるいは水が流れる高さの差）に、抵抗器を水が通りにくい細い管に見立てるといったものである。[24]

比喩的な解釈のためのモデル（モデル2またはモデル3）として、進化が扱われることも我々の日常の中では一般的である。書店の中を見渡せば「○○の進化論」という題名の書籍は何冊も存在し、ポケモンの「進化」もその例である。あるいは、テレビ番組などではアスリートの記録の更新を指し、「いまだ進化し続ける○○選手」といった表現が使用されることもある。このようなアナロジーでは、「進歩」「成長」「（動物学における）変態」の類義語（「より良い方向へ前進する」というニュアンス）として進化がモデル化されており、市民の誤った理解を助長する恐れがある。

現代ビジネスの場ではどうだろうか。スペンサーの唱えた「適者生存」の言葉や、アメリカの経営学者メギンソンの唱えた「変化に対応できる生物だけが生き残る」という台詞は、経営的競争を生き抜くための教訓としてしばしば引用される。[25] しかし、このような引用が繰り返される中で、まるで伝言ゲームで誤りが伝わっていくように、それらがダーウィンの言葉の一つであるという誤解も生じているのである。発破を掛けるためには、このような言葉は理解しやすく有用ではあるが、ダーウィンの立場からするとこのような病理現象は不名誉なことである。これも、一種のイデオロギーによる引用の形式といえる。

しかしそれよりも学術的に問題となるのは、進化論をモデル1として扱う場合である。この目的は、目標となる対象に新たな理論を据え、その構築をしていくことである。これは、ヘッケルが進化論のアナロジーとアブダクションを組み合わせて構築させた「生物発生原則」にも当てはまることである。また、スペンサーがコントの理論の発展を目的として、社会進化論を生み出したこととも同様である。つまり、ダーウィニストたちの目的に忠実に、進化論が比喩のモデルとなっていたのである。理論をモデルとして新たな理論を作り上げることは、先述したように、イデオロギーによる吸収や市民に受容される理論の平均化といった段階で問題になるのである。

科学的理論を比喩のモデルとして扱うことが常に危険というわけではない。わかりやすい説明のためには科学的理論が有用となりうることも大いにあり、それは我々の認識をより豊かにするだろう。時にそれが誤った類比であったとしても、そこに学術的に大きな問題を生むことはない。むしろ危険なのは、理論から理論を作り上げることにある。特に、モデルとする理論の検証が不充分である場合には、意図しない派生理論を根拠に、オリジナルの理論の提唱者が想定不可能な非難を浴びせられる可能性がある。

科学者には、対象となる聞き手に対する「わかりやすさ」を意識して、研究発表等の説明を行う場面がある。そのような場面で、科学理論をモデルとし、一つの表現の手段としてアナロジカルな説明をしていくことにはさほど問題はない。しかし、科学理論をモデルとし、何か新規の理論についてアナロジカルな説明をすることは危険なのである。この場合は、その理論が正しいか正しくないかにかかわらず、「わかりやすさ」が聞き手にとっての納得と無意識に支配された肯定を促す懸念が生じるためである。科学者の立場としては、慎重な引用を行う姿勢をもって、彼らの反省を生かすこととしたい。

第4章　「綜合科学」と日本における今後の科学教育のあり方

第3章で見てきたように、科学者にとってあるべき姿とは、既存のパラダイムを充分に把握して、科学を厳密に理解していく営みを尊重することであった。科学的理論の扱いにおいても、理論構築のために理論をモデルとして比喩的に扱うことは危険であり、先入観にとらわれない厳密な検証が要求される。これに対し、ダーウィニストの一人であるヘッケルは、ダーウィン進化論をもとに、アナロジーとアブダクションの手法を利用して大胆に未発見の科学的法則を見出そうと試みた。

このように、全科学者共通の科学に対する姿勢が確保されるべきであり、そのことが真理の探究を前進させる要素の一つとなりうる。しかし現実には、社会的・倫理的・宗教的背景が科学の現場に介在し、科学者共通のあるべき姿勢がうまく確保されないことがしばしば存在する。これは科学と社会の問題であり、その第一段階としての科学教育の重要性を指摘する。

わが国の現代の科学教育では、自然科学は「理系」という枠組みで、人文科学や社会科学を含む「文系」と分断されている。現代のこのような枠組みの起源は、明治時代の官僚制度の整備にあると考えられている。殖産興業や土木公共事業といった工学寄りの専門的知識・技能を要する技官と、法学の知識を要求される文官という専門性を伴う職業的構造が教育にも適用された。大正7年に発せられた高等学校令では、高等学校高等科を文科と理科に分かつと明確化された。これによって、工学や医学、理学、農学等を含む「理系」の枠組みが、その扱い方の利便性から現代まで使用されるに至っている。[26]

現代においては、かつての官僚制度のように専門的な知識と技能だけで社会に対応できるわけではない。マイナビ2021で理系学生の人気企業ランキングで一位となったソニーの人事担当者も、就職を目指す学生に対して「純粋かつ柔軟な」思考が可能であることを要求している。[27][28] このように職業的な観点からは、専門的な知識や科学的思考に凝り固まった人材は求められていない。個々人に内在する「文理の壁」の考え方を段階的に撤廃していくことが今後の科学教育の理想であり、その必要性については後で詳しく述べる。

このような、文理融合を目指すべきであるという主張は、ヘッケルの講演「綜合科学との関係における現代進化論について」（1877）にもあらわれている。ここでの「綜合科学(Gesammtwissenschaft)」は、ドイツ語の〝gesamt〟（「合計」などの意）と〝Wissenschaft〟（「科学」「体系知」などの意）を組み合わせたヘッケルの造語であり、「包括的体系知」と訳すこともできるであろう。彼は進化論を唯一のツールとして、この「綜合科学」を理解させるための教育を行おうと試みたのである。

もちろん、第2章で見てきたように、この主張は彼の一元論的世界観に基づくものであり、古典的な物心二元論の克服を目的としている。そのため、現代で求められるような実際的な文理融合の考え方とは異なる。その一方で、現代の文理融合の考え方との共通点も存在するため、ここでその内容について見ていく。

ヘッケルのこの講演では、進化論を含む自然科学が人々の世界観や人生観といった人間の精神にどのような作用を及ぼしているかを考えることを目的としている。この上でまず、自然科学の方法論が数学や物理学のような精密科学の方法にとどまるべきではないことを主張している。[29] これは、進化論の支持のための主張であり、当時の実証不可能であるという批判に対する反論でもあった。つまり、ヘッケル自身は、進化論は従来のパラダイムでは説明できないことを認めていたのである。この講演の前半部分で、ヘッケルは系統発生の認識の仕方について以下のように述べている。

「この場合には、歴史的古資料の批判的利用と慎重でもあり大胆でもある思索とによってのみ、近似的な認識が間接的に可能になります。系統発生史はこれら歴史的古資料を同様に利用し、他の歴史的学問と同じ方法で活用します」[30]

歴史的古資料を批判的に扱うという方法は、地質学的な思考方法の拡大には有用であり、ヘッケルがいうように実際に地質学の発展に寄与したといえるだろう。しかし、「慎重でもあり大胆でもある思索」というのは、ヘッケル自らが生物発生原則を「発見」したように、アナロジーとアブダクションを利用した理論構築の方法と重なっており、この方法は先述したように極めて危険である。自然科学的法則と歴史学的事実というのは、前者は普遍性を有するのに対して後者は具体性を有するという、全く性質の異なるものなのである。

講演の中盤では、ヘッケルは一元論を根拠に「心（ゼーレ）の進化」について言及しているが、この内容は神秘的傾向が強く、文章の本筋から外れるのでこれについては割愛する。

講演の後半部分で、ヘッケルは進化論そのものが人間形成においても重要であることを述べている。彼は、進化論が国家学や法学、神学の分野にも影響を与えていくということを予測した上で、これら学際的な「綜合科学」へのアプローチの手段として進化論を学ぶことが必須と考えている。

さらに、個体発生・系統発生の理論から「発生的方法」による因果関係の理解が必要であることも主張した。これは、発生学的な視点であらゆる物事の生成の原因や発達の過程を探ることで、正確に因果関係を捉える思考の枠組みが整うというものである。これら二点を必須の「教育改革」と謳い、ヘッケルは以下のように進化論を利用した文理融合の重要性を述べている。

「進化論は、このようにして教育の全分科にたいし実り多く有益な作用を及ぼすと同時に、教師と生徒の両方に、それら分科の統一的関係についての意識を目ざめさせます。進化論は歴史的自然科学として、こんにち高級の学校教育において支配を争っている二つの対立方向、すなわち一方は古い、古典的な、歴史的―哲学的方向、もう一方は新しい、精密な、数学的―物理学的方向、この二つの方向を仲介し和解させる役をするでしょう。教育のこの両方向は、同等の資格をもち同等に不可欠のものと考えられます。両者が同じように充足されたとき、人間の精神は完全な調和的形成に到達するでしょう」[31]

進化論そのものを学校教育の場で教えるという点は、時代背景を考慮した上では私は時期尚早であったのではないかと考える。ヘッケルはダーウィン進化論を総合的な国家や社会、精神を捉えるためのツールの側面を重視している。しかし、未だ検証が大きく進んでいなかった進化論をそのような目的で教えることは、それが新たなアナロジカルな理論を生み出す引き金となる可能性がある。本来の進化論を教える目的は、生物学的に生命の起源についての理解を促すものであり、「発達」といったニュアンスを持つツールとして進化論を教えることとは真理を探究する営みである科学の立場からは逸脱している。

これに対して、「発生的方法」で因果関係を理解していくという試みは、第3章で示したモデル2あるいはモデル3のように思考の幅を広げる上で有用であると評価できる。

「発生的方法」と類似した考え方に、「ティンバーゲンの四つの『なぜ』」というものがある。これは、1973年にノーベル医学生理学賞を受賞したオランダの行動生物学者ニコ・ティンバーゲンが提唱した動物行動学の理論である。この理論は、動物のある一つの行動を理解するためには、「至近要因」、「究極要因」、「発達要因」、「系統進化要因」という四つの側面からアプローチしていくというものである。[32] このうち、「至近要因」ならびに「発達要因」は、個体レベルでの行動のメカニズムや発生のメカニズムにフォーカスをあてている。これに対して「究極要因」や「系統進化要因」は、ダーウィン進化論に基づき、環境への適応のメカニズムや遺伝子や化石のデータから進化のメカニズムを紐解くといったアプローチである。

「ティンバーゲンの四つの『なぜ』」も現代のビジネスの場で援用されており、ケーススタディへの理解を深める思考の枠組みとして利用されている。[33] このように、発生学の視点からアナロジカルに生成や発達の因果関係を理解するには、「発生的方法」は十分有用であるといえよう。しかし、「至近要因」や「発達要因」に近い思考から物事の因果関係を理解する上では、そこに無理に進化論を融合させる必要はないのではなかろうか。ヘッケルが一元論や生物発生原則を前提として、進化論を利用しながら「綜合科学」に向き合おうとしている点には注意が必要である。

それでは、現代で求められる文理融合の形態はどのようなものだろうか。就職活動を行う「理系」学生に向け多くの企業が臨む人材像がＳＴＥＡＭ人材である。ＳＴＥＡＭとは、科学（Science）、技術（Technology）、工学（Engineering）、リベラルアーツ（Arts）、数学（Mathematics）の五つのことである。これは、従来の「理系」に要求されていた実学的なアプローチでのＳＴＥＭに加えて、Arts の要素が追加されたものである。[34] ＳＴＥＡＭ人材の育成、すなわちＳＴＥＡＭ教育における Arts には、芸術学的なデザイン性の教育だけでなく、創造性や人間性の教育をも包含されている。

デザイン性や創造性に関しては、企業が消費者にとって便利で合理的な生産活動を行う根幹として要求されることとなる。では、人間性の教育がなぜ必要なのであろうか。それは、人間性に含まれる道徳性や倫理観は、科学技術の正しい運用において、必要不可欠な要素だからである。

道徳性の教育においては、かつての地下鉄サリン事件のようなテロリズムを未然に防ぐことがその目的の一つといえるだろう。犯行を行ったオウム真理教のメンバー達は、名門大学のいわゆる「エリート」ばかりであった。その中には「理系」の学生もおり、豊富な知識を化学兵器の使用に転用してしまったのである。彼らは宗教によって歪められた正義感のもと、本来あるべき道徳性を忘れて犯行に臨んでしまった。このような観点からも、宗教学を学ぶことや道徳教育を行うことは重要なのであり、ＳＴＥＭだけを学ぶことで心のないロボットのように偏った人間に成り下がってはいけないのである。[35]

科学技術に関わる倫理観の観点からは、文部科学省の科学技術基本計画に示されている「科学技術に関する倫理と社会的責任」を参照すると理解が進むだろう。ここでの倫理に関する内容として、生命倫理と研究者・技術者の倫理が挙げられている。[36]

前者は具体的に、体外受精や脳死による臓器移植、遺伝子診断及び治療、ＥＳ細胞のような再生医療の問題などについて挙げられており、この中でも臨床医療における倫理問題は大きな課題とされる。このような場面では倫理観に加え、患者やその家族を含む主張などについての総合的な状況把握能力も必要とされる。

後者は、科学における「真理の探究」という目的に密接に関わる部分であり、研究不正の防止をその目的としている。この中でも特に、利益相反の問題は、企業と研究者との癒着から個人間の経済的な利益を目的として、研究結果を都合の良いものに調整するというものである。この場合、先入観や理想が研究に介入することによって、帰無仮説を棄却できるような検証が充分になされず、エビデンスレベルの低い研究結果（あるいは全くの似非科学）が生み出される恐れがある。そのため、研究者・技術者のあるべき確立された立場を明確にするという意味で、倫理が重要となるのである。

このように、デザイン性・創造性の教育や、普遍的な道徳性や倫理観の教育（人間性を養う教育）を行うことで、「偏った理系」を減らしていくことが可能なのである。その方法こそが、STEM教育からSTEAM教育への転換なのであり、文理の壁を低くしていくことなのである。

ヘッケルの唱えた「教育改革」とSTEAM教育の相違点について、表1にまとめた。ここにおいて重要なのは、前者は「綜合科学」を理解することを目的としているのに対し、後者はArtsについて学ぶことが方法となっているという点である。ここで「綜合科学」をArtsといい換えれば、STEAM教育は、ヘッケルの「教育改革」に第二の目的を与えて

	ヘッケルの「教育改革」	STEAM教育
対象者	学校教育における教師と生徒	「理系」の生徒・学生
方法	・進化論を学ぶ ・「発生的方法」を学ぶ	**・Artsを学ぶ**
目的	**「綜合科学」の理解**	デザイン性・創造性、人間性を有する人材の形成
「文理融合」について	「分科の統一的関係についての意識」を促す →「精神は完全な調和的形成に到達」	STEM（「理系」）とArts（「文系」）の調和

表1　ヘッケルの「教育改革」とSTEAM教育の比較

いるといえる。その目的が、デザイン性・創造性や人間性（道徳性や倫理観）を有する人材の形成なのであり、これが今後の社会と科学の関わりの中では「理系」の生徒・学生にとって重要なことなのである。

ここまで、現代の科学教育の一つのあり方としてSTEAM教育に重点を置いて述べてきたが、「理系」や「文系」に関係なく必要な能力の育成についても触れておく。ここでは、OECD（経済協力開発機構）が実施する国際学力調査（PISA2018）の結果と平成31年度全国学力・学習状況調査の結果を踏まえて述べていく。なお、PISAは高校一年生を対象に三年に一度実施される調査であり、その対象となる学力は「数学的リテラシー」、「科学的リテラシー」、「読解力」の三つである。また、全国学力・学習状況調査は小学六年生と中学三年生を対象として毎年実施され、主に算数（数学）と国語の能力について測られる。

ＰＩＳＡ２０１８の結果を見ると、「読解力」のランキングが前回順位8位から15位に転落している。ここでは、現代の情報化社会を反映したような、情報の探索や理解、情報に対する評価をまとめて「読解力」として定義づけられている。この中で、情報に対する評価に関する問題の正答率が53％と最も低い正答率であった。受験者の「ＰＩＳＡの調査問題における難しさの認識」を見ると、わからない言葉が多い、自分には難しい文章が多いという回答をしている生徒は点数が低く、ここから、基礎的な語彙力や文章読解力を養う必要があると考えられる。[37] 同様に、全国学力・学習状況調査の結果からも「文章の構成や展開を理解し、内容を的確に捉える指導の工夫」の重要性について説明されている。[38]

これらの結果から、小学生の間から授業の中で比較的短い新聞の社説などを扱い、読むことの基礎として文章の要約を行っていくことが有効と考えられる。文章要約を行うことで、知らない単語について調べるというプロセスも必要となるため、おのずと語彙力を補うことができる。そして、このトレーニングに慣れてきた頃に、自らの意見を文章にして、友達と共有することで着実に「目的や意図に応じて相手に分かりやすく書く」ことを養うことができるのではないだろうか。

これに加えて、論理的思考を養う授業の導入も要求されると私は考える。現状の算数ならびに数学の学習は、受験が過度に意識されており、計算のテクニックの要求が多くなっているという印象である。そのため、中高における数学の学習が論理的思考力の育成につながっているとは考えにくい現状である。ミスリードを防ぎ、文章を正確に読み解くためには、相関や因果関係についての考え方が必要不可欠であると考える。

豊かな読解力を基盤としておかなければ、STEAM教育を行ったとしてもそれは砂上の楼閣であり、社会で実際的に活躍していくことは難しいだろう。このような段階的な学びを行っていくことは、今後の教育現場で要求されていく「21世紀型スキル」の育成にも類似している。「21世紀型スキル」とは、教科を横断して各生徒に「基礎力」、「思考力」、「実践力」という三つの層を連続的に教授する学校教育の体系であり、流動的に変化を遂げる社会の中で「生きる力」を育成する方法論として重視されている。[39]

読解力を磨き、「理系」でありながらリベラルアーツの涵養も深めていくことは、企業で活躍できる人材となりうるだけでなく、社会構造の理解にもつながっていく。社会構造を理解し、イデオロギーの本質を見抜くことは、目の前で起こっている科学的理論の援用に対して批判的に対応することができるだろう。科学をわかりやすく伝えるということが責務であるサイエンスコミュニケーターにとっては、そのような事実を市民に伝えていくことも、役割の一つとなりうると私は考える。

おわりに

ダーウィンの提唱した進化論が市民に受容されていく過程では、それを根拠に新たな理論を展開したダーウィニストたちの影響が大きく、それに伴って誤ったダーウィン像が形成されていった。現在では、ダーウィニストやその後の時代に登場した進化論的理論があたかもダーウィンの言葉かのように比喩的に引用され、それが説得力を与える根拠とされている。このような現状を省みて、科学的理論の構築のプロセスについて理解すること、その根底に存在する教育について考えることは必要不可欠なのである。

今回、多様な分野を横断的に確認しながら本論文を執筆した。ここには、同志社大学サイエンスコミュニケーター養成副専攻の専門科目（リテラシー科目）にて教授された内容もいくつか参考としており、佐藤優氏にご担当いただいた夏季集中講義（サイエンスとインテリジェンス 進化論と神の問題）では本論文に関連する多くのことを学ばせていただいた。この場を借りて、授業を担当された先生方には深く感謝を申し上げる。

〈参考・引用文献〉

1 チャールズ・ダーウィン、渡辺政隆訳『種の起源（上）』光文社、２００９、３２７―３２８頁

2 日本社会学会社会学事典刊行委員会『社会学事典』（友枝敏雄「社会進化論―スペンサー」）丸善、２０１０、10―11頁

3 チャールズ・ダーウィン、八杉龍一・江上生子訳『ダーウィン自伝』筑摩書房、１９７２、95頁

4 ティモシー・ライバック、赤根洋子訳『ヒトラーの秘密図書館』文藝春秋、２０１０、１４０―１６３頁

5 八杉龍一編訳『ダーウィニズム論集』岩波書店、１９９４、7―23頁

6 Heather Scoville. What Is Darwinism? . ThoughtCo. 2020（https://www.thoughtco.com/what-is-darwinism-1224474）２０２０年3月21日閲覧

7 佐藤恵子『ヘッケルと進化の夢――一元論、エコロジー、系統樹』工作舎、２０１５、27―31頁

8 同上書、36―43頁

9 同上書、52―54頁

10 同上書、78―83頁

11 同上書、93―１００頁

12 同上書、１１９頁

13 『ダーウィニズム論集』（エルンスト・ヘッケル『ダーウィンの進化学説について』）１０４頁

14 『ヘッケルと進化の夢――一元論、エコロジー、系統樹』１４０頁

15 エルンスト・ヘッケル、後藤格次訳『生命の不可思議』岩波書店、１９２８、３４６頁
（本書は旧字体や歴史的仮名遣いが使用されているため、適宜読みやすいように修正した。なお、「吾人」は「我々」に、「生物発生学的根本法則」は「生物発生原則」に統一した。）

16 同上書、５３３頁

17 『ヘッケルと進化の夢――一元論、エコロジー、系統樹』１７０―１７２頁

18 『社会学事典』（山中浩司「パラダイム―クーン」）１１０―１１１頁

19 ナビゲート ビジネス基本用語集「アブダクション」の項、２０１７年３月28日更新（https://www.navigate-inc.co.jp/term/term-a.html）２０２０年５月１日閲覧

20 ピーター・B・メダワー、鎮目恭夫訳『若き科学者へ 新版』みすず書房、２０１６、１３４―１４７頁

21 大辞林 第三版「反証可能性」の項

22 Patricia B. Burns, Rod J. Rohrich. Kevin C. Chung. The Levels of Evidence and their role in Evidence-Based Medicine. Plast Reconstr Surg. 2011 Jul; 128（1）: pp.305-310（https://www.ncbi.nlm.nih.gov/pmc/articles/PMC3124652/）

23 山梨正明『コレクション認知科学5 比喩と理解』東京大学出版会、２００７、１３２―１３３頁

24 同上書、１３４―１３６頁

25 千葉聡「誰もが知っているダーウィンの名言は、進化論の誤解から生じた！ 変化に対応した生物が生き残るのではない」講談社、２０２０年３月４日更新（https://gendai.ismedia.jp/articles/-/70729）２０２０年５月２日閲覧

26 隠岐さや香『文系と理系はなぜ分かれたか』星海社、２０１８、97―１０２頁

27 同上書、１２１―１２３頁

28 マイナビ２０２１・ＮＩＫＫＥＩ「２０２１年卒 大学生就職企業人気ランキング」２０２０年４月８日更新（https://job.mynavi.jp/conts/2021/tok/nikkei/ranking21/ranking_index.html?func=PCtop）２０２０年５月８日閲覧

29 『ヘッケルと進化の夢――一元論、エコロジー、系統樹』２２６―２３１頁

30 『ダーウィニズム論集』（エルンスト・ヘッケル『綜合科学との関係における現代進化論について』）１３２頁

31 同上書、１４５頁

32 長谷川眞理子、行動生物学のカッティングエッジ、『学術の動向』２０１１年４号、58―59頁（https://www.jstage.jst.go.jp/article/tits/16/4/16_4_4_58/_pdf/-char/ja）

33 今村英明「白熱ＭＢＡ講義『ティンバーゲンの4つのなぜ』が教える企業生き残りのカギ」日経ビジネススクール、２０１６年9月6日更新（https://school.nikkei.co.jp/news/article.aspx?aid=MMSCe6000018082016&page=1）２０２０年5月8日参照

34 ヤング吉原麻里子・木島里江『世界を変えるＳＴＥＡＭ人材――シリコンバレー「デザイン思考」の核心』朝日新聞出版、２０１９、3―6頁

35 池上彰・佐藤優『教育激変――２０２０年、大学入試と学習指導要領大改革のゆくえ』中央公論新社、２０１９、１０７―１２７頁

36 文部科学省「科学技術基本計画　第2章　重要政策2、優れた成果の創出・活用のための科学技術システム改革6、科学技術に関する倫理と社会的責任」（https://www.mext.go.jp/a_menu/kagaku/kihon/honbun/018.htm）２０２０年5月8日参照

37 国立教育政策研究所「ＯＥＣＤ生徒の学習到達度調査（ＰＩＳＡ）～２０１８年調査国際結果の要約～」２０１９（https://www.nier.go.jp/kokusai/pisa/pdf/2018/03_result.pdf）

38 国立教育政策研究所「平成31年度（令和元年度）全国学力・学習状況調査の結果」２０１９（https://www.nier.go.jp/19chousakekkahoukoku/19summary.pdf）

39 北口克彦「キーワードを読み解く教育最前線『21世紀型能力』とは」三省堂、２０１５（https://tb.sanseido-publ.co.jp/kokugo/Info/magazines/saizensen/pdf/saizensen01.pdf）

平和を実現する神の民としてのメノナイト教会

——エルンスト・トレルチのセクト概念を手掛かりに

山下佳穂（やました かほ）
一九九七年九月一日生まれ
現在、同志社大学院神学研究科 実践神学専攻
（論文執筆時は同志社大学　神学部　神学科）
大学でエルンスト・トレルチの思想、メノナイト神学を学ぶ

【本論稿の目次】

はじめに

イエス・キリストは、ただ一人のわれわれの救い主である。キリストに従うわれわれは、神の民であり、教会を形成する。教会は、本来、一つであるべきだ。使徒信条[1]にはこう記されている。「我は聖霊を信ず、聖なる公同の教会、聖徒の交はり、罪の赦し、身体のよみがへり、永遠の生命を信ず」。ここで想定されているのは、一つの公同の教会である。しかし、現実に存在する教会は複数ある。しかも、それぞれの教会は、自らが正しいと主張する。もっとも、人間は、誰一人、例外なく原罪を持つ。罪が形を取ると悪になるが、教会の分裂は悪である。人間の共同体である教会の分裂も、人間がこの悪から免れることができない以上、不可避だ。そう考えると、見える教会が多数に分裂している現状はやむを得ないのであろう。しかし、われわれキリスト教徒は、イエス・キリストがわれわれの救いであるという信仰の基本に立ち返り、現在、分裂状態にある教会を一つの公同教会とすることを地上においても平和的に目指すべきなのである。イエスは、平和を説いた。「平和を実現する人々は、幸いである、その人たちは神の子と呼ばれる。」(「マタイによる福音書」5章9節)いわゆる「山上の垂訓(説教)」の一つであるこの教説に現実に存在する教会もキリスト教徒も忠実に従っているとはいえない。さらに、ここで重要なのは、我々の目には見えないが確実に存在する教会に所属しているという現実だ。十字軍や三十年戦争などにおいて、教会が戦争の原動力となった歴史がある。20世紀における第一次、第二次の世界大戦も、いわゆるキリスト教諸国から勃発した。多くの教会が、積極的もしくは消極的に戦争を支持した。

これに対して、メノナイト派は、自衛権も含め、完全に武力を否定する絶対平和主義の立場をとる。

メノナイト派はプロテスタンティズムから派生し、ツヴィングリの宗教改革並びに、宗教改革急進派に起源を持つ。メノナイト派はその発展の歴史において、プロテスタントとカトリック双方から極端な考えを持つ異端として見られ、迫害されてきた。これに対してドイツのプロテスタント神学者であり、宗教哲学者でもあるエルンスト・トレルチ[2]は社会学的見地から、セクト概念を導入した。メノナイト派は、カトリック教会、ルター派教会、改革派教会とは異なる原理で形成される教会であるとし、多元的な教会観を主張した。このセクト概念を手掛かりに、トレルチはメノナイト教会を本質的にはイエス・キリストただ一人に従う教会であり、プロテスタント主流派教会と対等な立場だと主張した。

本論文においてはトレルチのセクト概念を手掛かりにして、メノナイト教会の平和の神学について考察することにする。以下の順に論を展開する。第1章ではメノナイト派の起源とその展開、第2章においてはトレルチのセクト概念から捉えるメノナイト派について、第3章においてはメノナイト派神学を現代においてアカデミズムで展開しているアメリカの神学者J・H・ヨーダーを取りあげる。第4章では視点を変えて、メノナイト派のような絶対平和主義がメノナイト派だけにとどまる局地的かつ例外的な教義ではないということを明らかにする。そこで、ロシア聖教会から派生した絶対平和主義教団であるドゥホボール教団を扱う。

以上の論述を踏まえた上で、キリスト教全体において多数派、少数派が並存し、尊重しあうエキュメニカル[3]な体制を維持するためには、セクト理解が死活的に重要であることを指摘したい。この問題で、イエスは重要な指針を、新約聖書、マタイによる福音書13章36節—42節の毒麦のたとえで示している。「それから、イエスは群衆を後に残して家にお入りになった。すると、弟子たちが御もとに来て、『畑の毒麦のたとえを説明してください』と言った。イエスはお答えになった。『良い麦を蒔く者は人の子、畑は世界、良い種は御国の子ら、毒麦は悪い者の子らである。毒麦を蒔いた敵は悪魔、刈り入れは世の終わりのことで、刈り取る者は天使たちである。毒麦が集められて火で焼かれるように、世の終わりにもなるのだ。人の子は天使たちを遣わし、つまづきとなる者全てと不法を行う者たちを御国から集めて、燃え盛る炉に投げ入れる。彼らは、そこで泣きわめいて歯ぎしりするだろう。その時、正しい人々はその父の国で太陽のように輝く。耳のある者は聞きなさい』」このイエスの言葉に顕著にあらわれているように、私たちの世界には真のキリスト教徒とそうではないキリスト教徒が存在しており、その人たちを良い麦と毒麦にたとえることができる。メノナイト派は戦争や紛争を肯定し、支持するキリスト教徒を毒麦と認識する。しかし、人間が人間を裁くことはできないため、終末の日までは調和的に対処すべきなのである。

メノナイト派の神学は、平和を実現するための実践と信仰生活に包摂されている。そのため、メノナイト派神学においては、教義を絶対的に重んじるのではなく、常に様々な問題を抱える現実世界において、どのように平和を実現するかという実践を重んじるという特徴がある。２０１９年8月2日に、ＩＮＦ（中距離核戦力）全廃止条約が失効したことによって、世界は核軍拡が起こりうる危機的状態であり、また世界各地で地域紛争が起きている。自衛権の行使を口実に戦争を必要悪と認める傾向が強まっている。武力紛争を誘発しかねない政治的危機に直面し、メノナイト派の絶対平和主義が、心の平和だけでなく現実世界での平和を追求するために努力している現実が重要である。このような実践神学に、組織神学を包摂する平和の神学という方法を用いて、現代的意義を持たせることが本稿の目的である。

第1章　メノナイト派の起源

(1)メノー・シモンズの人生

まずはじめに、メノナイト派の起源を探る。メノナイト派の名前の由来は、オランダの牧師であり初期のメノナイト派の指導者であった、メノー・シモンズである。メノー・シモンズ（1496―1561）は、オランダのフリースランドに生まれ、12年間カトリックの司祭として働いたが、ミサの儀式や幼児洗礼などに疑問を持ち、[4]「熱心な聖書研究の末に体験こそ全てに先行すべきであり、自覚的な信仰と聖餐に根拠があるという結論に達した。[5]」メノーの信仰の中心は体験を重んじることにあり、また宗教の自由、教会と国家の分離を主張した。異端と呼ばれながらカトリックとプロテスタント主流派から厳しい迫害にあいながらも、徹底した無抵抗主義を唱え、徴兵制度を否定した。メノナイト派がその後発展するにあたって、メノー・シモンズが与えた影響は大きく、現在でも実践的な行動によって信仰を証しする点において、また絶対平和主義と無抵抗主義を重要視する点に関しては変わっていない。

(2)再洗礼派からの派生

メノナイト派は再洗礼派[6]（アナバプティスト）から派生した教派の一つであるが、そもそもそも再洗礼派とはラディカル宗教改革運動から発展した潮流の一つである。再洗礼派は1525年のドイツ農民戦争[7]の終結と1535年のミュンスター事件[8]の10年間で大きく発展を遂げた。当時のカトリックは、生まれた地域の教会で幼児洗礼[9]を受け、教会に信者として属するという形を取っていたが、再洗礼派はそのような既存の信仰を持たせるのではなく、「責任ある個人として公に信仰を告白する者にだけ洗礼は授けられ、個人の信仰によって教会に属する」[10]べきであると主張した。再洗礼派はスイスでの宗教改革を行ったフルドリッヒ・ツヴィングリ[11]や、その後ドイツでの宗教改革を行ったマルティン・ルター[12]、ジャン・カルヴァンの改革は不十分だと考えた。再洗礼派はその起源をツヴィングリの宗教改革に持っている。再洗礼派の主な者には以下の者がいる。①ミュンツァー[13]と1521年ヴィッテンベルクに出現したツヴィッカムの預言者たち。ミュンツァーは1525年に起こった農民戦争に深く同情を示し、また内的光の教理[14]を教えた。②スイスの再洗礼派で、無抵抗とキリスト教徒が政治に参加することの拒否を主張した。この再洗礼派はライン川流域と南西ドイツに広まった。③モラヴィア[15]に避難し、フッター[16]の指導の元に共産制に基づく共同体を形成した人たち。この人たちの後継者が以後フッター派となった。④ホフマン[17]の影響を受けて、主に北西ドイツと低地方（オランダ、ベルギー、ルクセンブルク）に発展した潮流。ホフマンは仮現的キリスト論[18]と千年王国説[19]に基づく希望を説いた。⑤ホフマンはオランダで多くの支持者を得たが、その中でもマッティス[20]は自らが預言者エノク[21]であると宣言し、オランダとドイツ近郊で勢力を増し、武力で新しい時代を切り開こうとした。ミュンスターにおいて、1534年に福音主義者であるロートマン[22]は再洗礼派の見解を採用したため、マッティスの教説が有力となった。マッティスとボッケルソンがミュンスターに入った後、この人たちはミュンスターを新エルサレムとして選んだため、再洗礼派は黙示的希望に燃えて立ちあがった。1534年には町の実権を握り、新秩序を立てたが従わないものは追放した。マッティスの死後はボッケルソンが王となり多妻主義や財産の共有が制定された。カトリック教徒とルター派の軍勢の援助を受けて司教はこの街を攻略し、再洗礼派は虐殺された。⑥メノナイト派。ミュンスター事件後、ホーランドとフリースランドにおいてメノー派と呼ばれるメノー・シモンズの指導のもとで再組織された再洗礼派は、農業に従事し、平和主義と無抵抗を強調した。再洗礼派の描いた在るべき教会の理想像とは、訓練された主体的な信仰者の交わりであり、その信仰告白のしるしとしての成人礼拝、陪餐停止と忌避を含む教会規律が中心となる。また、再洗礼派の教義の特徴は、主に幼児洗礼の否定、教会と国家の分離、戦争の放棄であった。これらの特徴を持つことから、特に「国家は人間の罪を抑制するために制定されたもので、国家がキリスト教化されるとの希望はもちえない」[23]として、国家統治から距離をおくことになった。この平和主義思想がプロテスタント主流派とカトリック双方から社会秩序を乱すものと考えられる原因となった。なぜならば、アウグスブルクの宗教和議[24]以降の領邦教会制度において、プロスタント主流派とカトリック双方が国家統治と結びついているからである。背景としてあった事情は「再洗礼派への共鳴者が増加すれば、プロテスタント側もカトリック側も相互に武器をとって対抗することができなくなり、また神聖ローマ帝国もオットマン・トルコに対抗できなくなるからであった」[25]ということだった。プロテスタント主流派とカトリックは現実政治の文脈において、教会の機能を考えたのに対し、メノナイト派はそのような国家の政策が信仰と何ら関係のない事柄と見なした。それゆえに両者の間には決定的に異なる政治認識が生じたのである。

再洗礼派が形成される原点となったツヴィングリの宗教改革は、ルターから直接的な影響を受けて成立したわけではない。ルターの「95箇条の提題」を掲げた頃にツヴィングリは独自に「信仰義認」と「聖書原理」の立場に立っていた。彼の聖餐論の立場に関してはルターとは全く異なる。「ルターは聖餐においてパンとぶどう酒とともにキリストの身体と血が存在すること（実体共存説）を主張した。[26]」これに対して聖書原理の立場に立つツヴィングリはヨハネによる福音書6章63節「肉は何の役にも立たない」に基づいて、「パンとぶどう酒はキリストの血のしるしであり、聖餐はキリストの犠牲を記念して執行される（象徴説）」[27]

を主張した。ツヴィングリからすると、聖餐に関してカトリック教会の実体変質説[28]の残滓がルターの聖餐理解に顕著にあらわれているということになる。その意味において、ルターの宗教改革は不徹底であるといえる。ツヴィングリは、信仰義認、聖書原理というプロテスタント原理を徹底するならば、それは聖餐においてもカトリック的な実体変質説から決別するのは不可欠であると考えた。再洗礼派から派生したメノナイト派においても、このツヴィングリの聖餐理解を受け継いでいるのである。

第2章　エルンスト・トレルチのセクト類型から見るメノナイト派

本章の目的はメノナイト派が独自の信仰共同体であることを明確にすることである。そのためには、概念的な操作が必要なため、方法論としてトレルチのセクト類型を用いる。

エルンスト・トレルチ Troeltsch, Ernst（1865―1923）はドイツの神学者であり、文化哲学者でもある。ゲッティンゲン、エルランゲン、ベルリンの各大学に学ぶ。ゲッティング大学私講師（1891）、ボン大学神学助教授（92）、ハイデルベルク大学神学教授（94）、同大学哲学教授（1910）、ベルリン大学哲学教授（14）、プロイセン文部省局長（19―

21）を歴任しその活動は神学、哲学、歴史の各分野に及んでいる。彼の思想的系譜もまた広く、神学はA・リッチュル[29]、哲学はヴィンデルヴァント[30]とリッケルト[31]、歴史・文化の領域ではディルタイからそれぞれ影響を受けている。社会学に関してはM・ウェーバー[32]の影響を受け、キリスト教共同体の形態をセクトタイプに分類し、宗教社会学においても活躍した。主な著作は『キリスト教会および集団の社会理論』、『歴史主義とその諸問題』などである。

セクト類型とは、教義や信仰、その他の理由により教会組織から分離、独立して形成される小教団である。セクトという言葉の由来はラテン語の〈secure 分離する〉もしくは〈sequore（指導者に）従う〉に由来する。本論では、既存の教会組織に対立して自由選択に基づく洗礼を重んじる団体、世俗化・特権階級化した教会の主流派に対して宗教的信念を持って抗議する団体としてセクト類型を扱う。

⑴バプテスト派運動とプロテスタントセクト

まず、バプテスト運動からエルンスト・トレルチがセクト類型とするプロテスタント教会が形成されるにあたった経緯を整理する。セクト類型とは、ルターは山上の垂訓（説教[33]）に基づく個々への倫理と、世俗または正式な倫理、堕落した状態の自然の法則に関する倫理の間に区別をつけるものである。彼は前者を真のキリスト教倫理として定義した。しかしながら、彼は国教会の要望、つまり神が存在するということが認められるという必要、しかし実際堕落せねばならなかったということについて譲歩しただけであった。

この点について、トレルチはこう述べている。「これは、ルターの経歴の初期に、領邦教会という形態で強制的に宗教を広げ、そして熱心なキリスト教徒がより小さな団体を形成することに影響を与えようと考えたという事実によって明らかになった。主観主義の危険性だけが、これらの計画を脇に追いやらせる原因となり、巡礼者による単一の領邦教会が姿を消すこととなった。プロテスタント主義内の反対派は、ルターの初期の頃のこの主張を、初期のバプテスト時代からイギリスの無所属派やドイツの敬虔主義者の時代まで、何度も訴え続けた。[34]」

国家と教会の関係についての捉え方は、ルター派とバプテスト派において大きく異なる。ルターは国家と教会の双方の権威、すなわち二王国説を主張し、国家権力は神によって定められたものであるから、キリスト教徒はこれに従うべきであるとした。しかし、バプテスト派においては教会と国家を完全に分離した。

セクトはカルヴァン主義に対してはまた違った視点からさらに強い影響を与えた。カルヴァンはセクトの理想である「聖なる組織」の思想を受け入れ、そしてまたこのような理想を実現することができる宗派的な方法、たとえば破門や教会の規律、教会内での信徒の小団体ではなく、領土教会や国教会にこの思想を適用した。選ばれていない者たち、信仰を持っていない者たちは神の栄光という立場から懲戒されることになっていた。このように、カルヴァン主義では聖なる組織というセクトの理想が国民生活と文明の一般的な理想へと転化したのである。

セクト類型の教会とカルヴァン派の共通点は、自発的に信仰を持ったキリスト教徒が集うアソシエーションとしての「聖なる組織」を目指そうとした点である。セクト類型は小規模の団体で、カルヴァン派は領土教会や国教会といった大規模な教会組織で、共通の聖なる組織として、すなわちセクト類型の教会を理想とするようになったのである。

「しかし後期になって、この理想がカルヴァン主義者の連帯を粉砕する原因になった。なぜプロテスタントのセクト類型が教会の改革によって認められた措置をはるかに超えて広がったかは理解し易い。この発展におけるもっぱらな自然な要因となったのは、山上の垂訓の影響を含む聖書の影響であり、それは改革者たちが達成した和解に困難を伴う形でしか適応できなかった。度々、それは人々がこの水準に従って暮らすことを望み、厳格なキリスト教徒共同体を形成するように、人々を突き動かした山上の垂訓の直接的な影響だった。つまり、それからこの人たちは国教会と、さらに一般的な文明社会の元にとどまることは不可能だと理解したのである。当時の宗教生活はすでにワルドー派[35]やボヘミア派（フス派[36]）に広く思想が浸透していたため、この現象は思考と組織の双方で、さらに明瞭なものであった。[37]」

カルヴァン派とセクト類型の教会が決別せざるをえなくなった理由は、双方の国家観の相違である。カルヴァン派は国家に対して教会の自由と独立を主張し、国家との衝突を招くこととなった。

このように、これらの見解を支持した信仰共同体は、宗教改革において自身の計画の発展の可能性を認めた。そして自らが勝利することによって、自由で、反階層的で、そして完全な宗教運動を発展させることへの可能性を見出したのである。

(2) バプテスト運動の一般的特徴

メノナイト派について論じるのに先立って、バプテスト派の特徴について説明する目的は、バプテスト派はその起源をメノナイト派と同じ再洗礼派に持つからである。最初のバプテスト派教会を指導したジョン・スミス牧師[38]はメノナイト派の影響を受けており、教義の面においても幼児洗礼を否定し自発的な洗礼を重視する点や、新約聖書に基づく全浸礼、教会と国家の分離、聖餐は十字架の出来事の象徴であると主張する点においてメノナイト派と多くの共通点を持つ。

世俗社会から離れて暮らし、市民による宗教の選択の完全な自由を主張する、膨大な数のキリスト教徒の団体が自発的な会衆制に基づいて、真に「回心した」人々で構成される共同体を形成した。会衆制[39]の外的特徴は、自発的な原理を意味する成人洗礼であった。また彼らはクリスチャンの会員として包括的で非倫理的幼児洗礼を拒否した。

幼児洗礼を拒否する理由としては、生まれて間も無い頃に自らの意思が働いていない状態で洗礼を受けることは自発的な回心とはいえないからである。会衆制の教会は、個々人が信仰を持った共同体であることが求められたのである。

外的な特徴としては以下のことがあげられる。「もう一つの外的特徴は、教会規律に服従せよという要求で、それは破門する権威と『純粋な教会』を目指す要求と密接に関係していた。この人たちは教会のサクラメント[40]の教義を受け入れなかった。信徒たちにとって主の晩餐は、主にキリスト教徒の交わりの祝祭で、キリストに対する個人的な信仰の表現であったのだ。だからこの人たちは〝Sakramenlierier〟（サクラメントを重視するものたち）として分類された。この人たちの真の強さは、山上の垂訓の意味する『聖なる共同体』、『聖なるもの』であること、そして成熟したキリスト教徒によって構成された自発的な共同体であることに重きを置いた点である。[41]」

バプテスト派のサクラメントは、洗礼と聖礼典のみである。教会規律を重んじるだけの教会ではなく、「聖なる共同体」と「聖なるもの」であるために必要なものは個人の信仰であり、自発的に信仰を持つ人々で構成される教会を形成するためには聖書に基づく洗礼と聖礼典のみが、キリストに対する信仰の表現であるとした。

「実際には、この『聖』は以下のように表現されていた。国家から、すべての公的な立場から、法律、圧力、宣誓から、そして戦争、暴力、死刑からの分離、すなわちキリストの十字架における分かち合いとしての苦しみと不公平、貧しい人の世話をすることによる会衆同士の親密な社会的関係、そして救済基金の提供、破門権の行使や、会衆の訓練による教会員の厳格な管理であった。[42]」

この人たちの礼拝様式は単純で、純粋に聖書に基づく事柄によってのみ構成され、選ばれた説教者と牧師によって行われ、地域の信徒によって構成される教会が設営された。人々は自然法[43]に基づく道徳を受け入れたが、原罪と自然法の妥協には反対した。また、中世の先人のように、国家の絶対的な自然法則として自然法を解釈した。この解釈から、彼／彼女たちはウィクリフ[44]とフス[45]の支持者と同様に、世俗社会は悪魔によって、支配されており、苦しみに対する忍耐が必要なため、この世での自然法とキリストの法を実践することは不可能であると主張した。従って、このバプテスト運動はセクト類型の主な特徴を示しているのである。

(3) メノナイト派

「確実になったその混乱の中で、メノー・シモンズは再洗礼派を平和的な福音主義共同体に集めた。つまり、彼は熱狂的なターボル派、ヨアキム主義などを除き、当初からの多数派であったチューリッヒ地域への活動の主導権を与えた。それと同時に、彼は中世の福音主義的セクトの例にも訴えた。[46]」

教会の組織規律は以下の通りである。「各団体は山上の垂訓の精神に則って、会員を破門、懲戒する権限を持つ。教会員は平等にみなされる。共同体の指導者たちは事務によって公に選出されなければ市民生活に留まる。宣誓をした上で、戦争や司法や行政に従事することを禁ずる。すべての洗礼を受けていない人をキリスト教徒から分離せよという圧力がかけられた。これは、夫か妻のどちらかが不信心のために破門された、もしくは破門とされた夫婦の結婚が解消されるべきであると要求されるに至った。[47]」

改革派（カルヴァン派）と会衆派はそれぞれの教会の構成原理が大きく違っている。改革長老派教会においては、牧師と信徒の代表として選ばれた長老が同じ立場であり、教会内、または教会全体での政治や決定を行う。しかし、会衆派教会においては個別教会の自治にある。牧師や教師を決め各教会は協力状態にあるべきだが、独立した個々の教会であるべきだという立場に立つ。

「オランダでは各州がそれぞれの教会制度によって治められた。それはメノナイト系バプテスト教会にかろうじて存在する権利を与えたが、信徒に市民権はなく、正統派カルヴァン主義からの過酷な扱いに耐えなければいけない状況であった。最終的に、カルヴァン主義の影響下において、さらに広い範囲での『召命』に関するプロテスタント倫理を受容するようになった。この時点からこの人たちは単に州と法律、公務と和解することができるようになったのみならず、生活そのものも合わせることができると理解した。戦争時は税金を通して州に寄付をし、それと引き換えに完全な市民権を得た。この人たちは中産階級となって繁栄し、豊かになった。1650年以降、急進派の一派が再び現れ、この人たちはこの世に妥協していると非難した。[48]」

メノナイト派は国家と教会を完全に分離する。国家への積極的な介入はせず、個々の信仰形態を維持しながら、現実世界と信仰生活を調和的に理解し、生活しようと努める。また、戦争と暴力を否定しつつ、現実世界で起きている問題に対して平和的な方法で解決を見出だそうとするのである。

「そのような時でさえ、福音主義運動は統一した組織を作ることができなかった。その結果、大小様々な自由教会に分離し、フリースラント州とワーテルワント州のバプテスト教会では個別教会の独立性を強調する傾向が見られた。この人たちの個人の自由全般をかなり重視する姿勢は制度上、中央政権的だった既存の教会の精神と敵対した。そのことが、所属教会の厳しい規律による試練を受けることになった。この独立精神の中心から、バプテスト運動全体に広がってゆき、ついにそれは最高役員会による教会統治制度とともに完全に撤廃されるか、少なくとも最終的に単に形式的なものになるように権限を制限した。[49]」

このように、トレルチは再洗礼派から派生したメノナイト派の信仰形態について、純粋な聖書主義と絶対的な戦争反対、幼児洗礼を否定することによる協会（アソシエーション）としての教会を形成したと考える。セクト類型として分類されるキリスト教徒団体が、独自の教理を持って領邦教会から完全に分離されることで、メノナイト派の場合は福音主義共同体を形成するに至ったのである。

第3章　ジョン・H・ヨーダーの平和神学

本章では、一章を踏まえた上で、現代において絶対平和主義がどのように捉えられているかを明らかにする。平和主義という、キリスト教全体に共通して内在する論理を考察するため、現代において平和主義神学をアカデミズムで展開している、アメリカのメノナイト派神学者であるジョン・H・ヨーダーを取りあげる。ヨーダーもメノナイト派の絶対平和主義思想はセクト類型であると分析しており、それは前章で論じたトレルチの影響を大きく受けた結果である。

ジョン・H・ヨーダー Yoder, John Howard（1927―1997）は、アメリカのメノナイト派神学者。ゴーシェン・カレッジで学んだ後、バーゼル大学でカール・バルトのもとで学位を取る。平和主義を中心としたキリスト教倫理の代表的研究家として知られる。主な著書として、『国家に対するキリスト者の証』、『イエスの政治観』などがある。

ジョン・ハワード・ヨーダーはメノナイト派に属しながらもエキュメニカルな影響力を持っている。彼の神学の特徴の一つといえるのが、コルプス・クリスティとコルプス・クリスチアヌムとの区別である。前者は教会を意味し、後者はキリスト教世界全体を意味するが、ヨーダーは、イエスの主権を軽視するコンスタンティニアズムを批判している。彼によれば、コンスタンティニアズムはイエスの仕える愛よりも、帝国主義的な独裁と財産の栄光化を重んじることになる。コルプス・クリスティとコルプス・クリスチアヌムを明確に区別すべきその根拠として、「イエスはサドカイ派[50]にもパリサイ派[51]にも、革命的熱心党にも、反文化的なエッセネ派[52]にも属さず、弟子たちとコルプス・クリスティ（キリストの体、教会）を形成したが、それはコンスタンティヌス帝[53]から始まったコルプス・クリスチアヌム（キリスト教世界）とは峻別すべきである」[54]ということがあげられる。教会と国家の関係において、教会が権力を聖別するべきではないからである。また、ヨーダーのキリスト教史の分析は宗教改革後の三十年戦争[55]、近代革命まで広がっている。三十年戦争は1648年のウェストファリア条約[56]によって終結したが、その時のルター派及び改革派と領邦国家、英国と国教会などの世俗権力と教会の結びつきは、「ネオ・コンスタンティニアズム」と分類される。さらに、1776年から1848年のいわゆる近代革命の時代は、信教の自由が確立されていく時期でもあるが、アメリカ合衆国においては形式的に国家と教会の結合はないが、依然として議会にチャプレン制度があるように、キリスト教の文化的影響力を持っている。このことは「ネオ・ネオ・コンスタンティニアズム」と分類される。また、神の死の神学[57]は「ネオ・ネオ・ネオ・コンスタンティニアズム」、解放の神学は「ネオ・ネオ・ネオ・ネオ・コンスタンティニアズム」となる。これらに対してヨーダーは、宗教改革急進派の歴史的伝統に沿った自由教会の立場に立っている。ここでの自由教会とは、形態としての自由教会だけではなく、言語の選択や社会倫理のあり方でも自由教会である必要がある。ヨーダーは、権力組織や構造の持つ暴力的性格を指摘し、神の愛という非暴力的支配がイエスの十字架と復活によってこの世の諸力を打ち滅ぼしたと主張している。またこの文脈から、彼は非暴力的な証し人が権力組織を支配するという。

ヨーダーが重視する教会論の位置、彼が教会の形成と実践にとっての神学の二つの基本的機能として着目するのは「教育的機能」と「矯正的機能」である。前者において神学は、来会者や新しい信徒が抱く疑問や文脈的必要を鑑みつつ、これらの人々に対する教会の使徒伝達の的確な構造・方法の模索・設定・実行をする。しかしその過程で伝達に歪曲が生み出される可能性があるため、後者の機能が必要となる。つまり、そうした歪曲に対して、神学は教会にそれ自身のイエス・キリストにおける終末的みわざを覚えさせなければならない。それによって教会は的確にそれ自身の実践を成し得るのである。この教会の形成方式を踏まえ、ヨーダーは教会を「解釈共同体」と呼んでいる。つまり、彼によれば、教会は新たな挑戦を受ける状態で、教会の使徒伝達や共同体形成、倫理的識別及び実践のためにそれ自身の物語の解釈を共同体として行うのである。そしてヨーダーはまた、解釈共同体のその流動性の中で、イエス・キリストの終末論的物語とそれに基づく教会の従順が一貫して存在すべきであると主張する。

アメリカでは、ヨーダーはセクト的立場を代弁する神学者として位置づけられてきた。エルンスト・トレルチやマックス・ウェーバー以来、「セクト」と「教会」とを宗教の組織形態として区別することが一般的となった。「『セクト』は既存宗教へ反発して生まれたものであり、流動的な形と強力なリーダーシップを特徴とした、制度化された「教会」への前段階にある組織として理解される。」[58]このような文脈からヨーダーの神学はセクト的であると認識されてきたが、ヨーダー自身はこれに対して自分の立場は「カトリック」であるとする。この場合のカトリックはローマ・カトリックのことではなく、ラテン語の原義にある「普遍的」という意味である。つまりヨーダーは自らが提唱する平和神学は、16世紀スイスの急進的宗教改革の文脈の中においてのみ妥当性を持つのではなく、イエスを主、メシアと認めるすべての信者の耳に響かなければならない内容だと主張する。

ヨーダーの主な神学的重点は終末論、キリスト論、教会論におかれている。その土台は宗教改革急進派の歴史である聖書現実主義[59]の立場から形成されており、国家権力と教会との結びつきを批判する。ヨーダーは、教会はあくまでメシア的共同体、つまり倫理的関心が個人よりも集団の共同体にあり、社会のために生きるということに重きをおくべきであるとする。しかし、その場合の問題点は教会と世俗との隔たりにある。ヨーダーの神学の中では、教会と世俗世界とのつながりが希薄と思われ、平和の実践をするには両者の対話が不可欠ではないかと考えられる。またメノナイトの特徴として行動主義があげられるが、ヨーダーはそのことについてはあまり言及していない。ヨーダー自身が、教会の平和主義に対する思想を「普遍的」と表現した点においては納得ができるが、コルプス・クリスティを重視しつつ、なぜメノナイト教会の平和活動への実践的な姿勢について述べていないのかは議論の余地が残る。

第４章　ドゥホボール教団の平和主義

本章では視点を変え、ロシアの絶対平和主義教団であるドゥホボール教団について論じる。メノナイト派の平和主義思想は、宗教改革急進派の系譜に限定されていない。東方正教会[60]からの系譜を引き、ロシア正教会から派生したドゥホボール派も絶対平和主義を強調している。ここから、東方教会、西方教会双方が、共通して平和主義を主張していることは明確であり、キリスト教全体において平和を目指す姿勢が共通のものであることがわかる。

⑴ドゥホボール教団の平和主義について

１７４０年頃のロシア（現在のウクライナ）のハリコフ[61]付近にあらわれた心霊キリスト教に属するセクトで、名称は〈霊魂のために闘う者〉の意味である。創設者は農民出身のコレスニコフとポビロヒンである。帝政とそれと結託した正教会に敵対した。聖職者、修道士、教会堂、サクラメント、十字架、イコン[62]などキリスト教の外面的なものをすべて否認した。独自の《生命の書》と称する聖典を用いて、神は、〈普遍的愛〉〈英知〉〈永遠の善〉として、選ばれた義人のうちに宿るものとした。キリストは神ではなく、神の理性を最高度に備えた人間であると認識した。ドゥホボール派は、私有財産を認めず、国家への納税や兵役を拒否したため、19世紀前半に激しい弾圧にさらされた。ロシア中央部からカフカス[63]に強制的に移住させられ、１８９８年には約７５００人がカナダに移住し、一部はキプロスに移った。なお、かねてからドゥホボール教団の思想に共鳴していた作家レフ・トルストイ[64]が、カナダ移住の費用を援助するため、長編小説『復活』を書いた。現在のロシアではごく少数が残存し、古い習慣を伝えている。

(2) 平和主義の立場に至る歴史

現在カナダに住むドゥホボールたちは平和主義の旗を高く掲げている。理由のいかんを問わず、人は武器を捨て、争いをやめなければならないというのがこの人たちの信条である。6月29日は使徒ペトロとパウロの日と呼ばれるキリスト教の祭日であるが、ドゥホボールたちはこの日を「平和の日（ピース・デイ）」と名付けて様々な行事を行っている。迫害を受け、カナダへ移住前の１８９５年、この人たちの祖先がカフカスの各地で一斉に武器を焼いたのがこのペトロの日であった。当時のドゥホボールたちの多数派のリーダーはピョートル・ヴェリーギンだった。ヴェリーギンは流刑に遭いながらも、以下の8つのことを多数派の教徒たちに指示している。「(1)孤児の家の財産を裁判で争うことは不必要である。(2)祖先がうたっていた聖歌にあるように、兵役につくのはよくない。(3)利潤を追求してはならない。(4)結婚式などで酔いつぶれるまで暴飲することはつつしむべきである。(5)結婚にさいして金銭や家畜で結納を払うことはやめるべきである。(6)タバコを吸ってはならない。(7)獣の肉や食べることは彼らの命を奪うことなので肉食をすべきではない。(8)富める者は貧しい者から借金を取り立ててはならない。財産は平等であるべきだ。[65]」1895年のロシアの復活祭、この復活祭はロシア正教徒にとってはクリスマスにも勝る最大の祝日であり、礼服で市内をパレードするのが恒例であった。本来、大隊全員が正教会のミサに参列すべきであるが、ドゥホボールたちは兵隊として勤務することは「人を殺すな」というキリストの教えに背くことであると主張し、軍隊をやめることにした。そのことに激昂した隊の下士官は彼らを重営倉に監禁した。このことで、最初に述べたように、一部の地域ではドゥホボール教徒が持つすべての武器を燃やし、政府に対して抵抗を示した。違う村では兵隊に暴力を振るわれ、抵抗も虚しく多くの信徒が逮捕され、また他方では財産の略奪や強要、女性に対する乱暴も行われた。それらへの抵抗に対する当局からの報復的な迫害はその後すぐに始まり、ドゥホボールたちは他の村への移住を強制されたりもした。もはやドゥホボールがそれらの苦難から脱するには外国へ出る以外に方法がなかった。ヴェリーギンは1896年に皇帝ニコライ2世[66]の妻に、兵役を拒み武器を焼いたドゥホボールへの迫害を中止するように要請する手紙を記した。またそれが認められないのならば、せめてイギリスかアメリカへ立ちのく権利を与えて欲しいといった内容であった。その後彼らに出国の許可が出たものの、何千人というドゥホボールの渡航費用を調達するのは至難の技であった。この人たちの移住先として、アメリカのテキサス州、中国の新疆省、満州、キプロス島などがあがっており、キプロスには実際に移住した人々もいたが、農業における気候や土壌の問題で結果的に失敗に終わった。当初候補にもなかったカナダを移住先に選んだのは亡命中のアナーキスト革命家であるピョートル・クロポトキン[67]公爵であった。彼はカナダのトロントを訪れた際、西海岸のヴィクトリアまで足を伸ばし、カナダ中部の大草原に住むメノー派の入植地を見て感銘を受けた。クロポトキン公爵がカナダ政府と間接的に連絡を取り合い、カナダへの移住が実現することとなった。

(3)トルストイとの接点

ロシアの名門貴族出身の作家であるレフ・トルストイは、作家活動による深刻な精神的危機に見舞われた後、キリスト教の独自の解釈に基づく倫理観に到達する。これがいわゆる「トルストイの回心」と呼ばれるものである。人生をいかに生きるべきかは元来トルストイのすべての作品の根底にあるテーマであったが、１８８０年代からはそのテーマが前面にあらわれ、作家としてより思想家・道徳家としての発言が多くなった。新約聖書の山上の垂訓に描かれているような簡単明瞭な「人を殺すな」「悪に抵抗するな」「怒るな」「姦淫するな」「隣人を愛せ」などがトルストイの主張の要旨で、合理的なピューリタニズムがいわゆるトルストイズム（トルストイ主義）の骨格を形成した。それらの主張は近代国家の根幹となっていた国民皆兵や徴兵制度にも反対することとなり、現実社会の秩序と衝突せざるをえない。トルストイの思想には文明の進化、分業の細分化を悪と見なして原始生活への復帰を勧めるような主張も含まれていた。そのような原始キリスト教的な原理主義への志向は俗界と聖界の反感を買うことになるが、彼の哲学はその強いメッセージ性を持って多くの若者に受け入れられた。北ロシアの流刑囚の中にはトルストイ主義に通じているものも多く、後にドゥホボール派の中心的指導者となるピョートル・ヴェリーギンも流刑中にトルストイの思想を知った。ドゥホボールたちの移住の際、最大の難関はやはり資金の調達であった。かねてからトルストイは自分の芸術作品の著作権放棄をしていたが、ここに至って小説を発表することで彼らの移住に必要な費用を得ようと試みた。こうして執筆されたのが長編小説の『復活』[68]であった。またそれでもまだ足りなかった移住費用は、１８５０年代からドゥホボールに支援をしていたイギリスのクエーカーたちが調達した。

(4)現在のドゥホボール教徒とメノナイト派の接点

現在では確かに平和を求めるドゥホボールは社会に受け入れられているが、多文化主義がカナダ社会で公式に承認される1970年代までは英仏系以外の移民は二級市民と見なされ、とりわけロシア系のドゥホボールは軽侮や蔑視の対象であった。またこの人たちは学校教育に重きをおかなかったため、子弟に専門技術的知識が欠けていた。カナダ移住後1世紀足らずで、ドゥホボールの人口は4倍になった。そして、信徒の暮らし方は著しく多様化していった。移住後の世代が三世、四世と下るに連れて若い人々の中では他の民族、他の宗派の者と結婚する例が増えていき、カナダ社会の中で同化が進んでいった。

メノナイト派はドゥホボールたちと同じく平和主義と徴兵拒否などを主張しているが、メノナイト派だけが絶対平和主義を唱えているのならば、偏った教義だと考えられがちである。しかし、ロシア正教会から潮流を引くドゥホボール派も、原点を全く違うところに持ちながらも絶対平和主義や兵役の拒否、非戦争主義を主張している点から、キリスト教全体において平和主義が共通の目指すべき理念であるということがわかる。

おわりに

本論考では、メノナイト派の起源、エルンスト・トレルチのセクトとしてのメノナイト理解、現代のアカデミズムでメノナイト派の伝統に基づく平和の神学を展開したJ・H・ヨーダー、東方正教会に起源を持ちながらもメノナイト派と類似した絶対平和主義を掲げるドゥホボール教団を扱った。それぞれは線形をなしていない、直線的にはつながらないように見える論題である。しかし、メノナイト派を解釈する際のトレルチの方法論としてセクト概念を取り入れることによって、メノナイト派もカトリックや主流派プロテスタント（ルター派、改革派）と同様に、これらはイエス・キリストに従う神の民の群れであるという共通点を持つことが明らかになった。教会とは本来、信徒個々人が自発的な信仰を持ち、集まることによって形成されるアソシエーションであるべきである。またそれを実現させる過程において、各教会や教会組織の大小は関係がないということがセクト概念を用いることで明らかになった。また、この特徴は再洗礼派やメノナイト派が発展し始めた17世紀だけのみならず、現代においてもメノナイト派神学の中心人物であるJ・H・ヨーダーが、トレルチのセクト概念を用いてメノナイト派の神学を展開している。東方正教会から派生したセクトの一つであるドゥホボール教団はメノナイト派と同じ平和主義を掲げており、絶対平和主義はメノナイト派においてだけではなくキリスト教全体においての普遍概念であるということが明らかになった。

筆者は日本メノナイト・ブレザレン教団に所属しており、現実世界で起こる様々な問題に対して暴力を徹底的に否定し、災害救助支援や世界宣教に積極的に取り組みながら地上に平和をもたらそうと日々努力する教団に深い尊敬を持っている。修士論文では、メノナイト派教会の教会論を個人の信仰の課題として捉え、現代における平和主義の意義をより深く、神学的に考察したい。

〈注〉

1 中世以降キリスト教諸教会において広く用いられた基本信条のうち、冒頭におかれる信仰告白文。成立過程は不明であるが、第二世紀後半にローマにて用いられた洗礼告白文に基づいている。本文は以下の通りである。「我は天地の造り主、全能の父なる神を信ず。我はその独り子、我らの主、イエス・キリストを信ず。主は聖霊によりてやどり、処女マリヤより生まれ、ポンテオ・ピラトのもとに苦しみを受け、十字架につけられ、死にて葬られ、陰府に下り、三日目に死人のうちよりよみがえり、天に昇り、全能の父なる神の右に座したまえり。かしこより来りて生ける者と死ねる者とを審きたまわん。我は聖霊を信ず。聖なる公同の教会、聖徒の交わり、罪の赦し、身体のよみがえり、永遠の生命を信ず。アーメン。」

2 エルンスト・トレルチ（1865―1923）は、ドイツの神学者、文化哲学者である。ゲッティンゲン、エルランゲン、ベルリンの各大学に学ぶ。ゲッティンゲン大学私講師（1891）、ボン大学神学助教授（92）、ハイデルベルク大学神学教授（94）、同大学哲学教授（1919）、ベルリン大学哲学教授（14）、プロイセン文部省局長（19―21）を歴任した。その活動は、神学、哲学、歴史の各分野に及んでいる。

3 エキュメニカル運動、世界教会運動はエディンバラ世界宣教会議（1910）から始まったとされる。世界各国の諸教会の外国伝道局とが、正式の代表者をこの大会議に送って、教会の直面していた伝道・宣教に関する諸問題を検討協議した。そのため各教会間の連結、理解、調整、協力が一層緊密なものとなった。

4 メノーはドイツ農民戦争をきっかけに、それまでのカトリックのミサや幼児洗礼などの礼典に疑問を持つ。農民戦争とは中世ヨーロッパにおける各国農民の封建領主に対する全国一揆である。ルターの宗教改革は近世ヨーロッパにおける壮大な精神改革として展開されたが、その背景には1世紀近くの農民一揆の波があった。15世紀初頭から西南ドイツにおいては農民一揆が起こり始め、15世紀後半から16世紀初頭にかけて巨大な反封建闘争として展開されるに至る。これら農民の要求には、封建的負担の軽減もしくは廃止などの経済要求、封建権力などの妥当もしくは中央集権制の確立（王権の強化）などの政治要求とともに教会制度の改革の要求（牧師の公選、修道院、教会の財産没収）が含まれている。（『キリスト教大辞典』８０６頁）

5 ルターは農民たちを神によって定められた国家に反逆する者であるとし、反逆という罪を犯し続ければ救いに預かることができないことを危惧し、彼らを虐殺した。『キリスト教大辞典改訂版』教文館、１９９1年、１０５3頁

6 スイスに発生した、ツヴィングリの宗教改革の潮流を引く者たち。

7 中世ヨーロッパにおける各国農民の封建領主に対する全国的な一揆。ドイツでは１５２５年に農民によって反乱が起こる。

8 16世紀中頃、B・ロートマンを指導者、ヤン・マッティスを首領とし、ミュンスター市にてカトリックの司教軍に対抗した。ミュンスターの千年王国騒動ともいわれる。

9 ここでの幼児洗礼は生まれてすぐの子どもに授ける洗礼を指す。このことから当時の社会制度と特定のキリスト教派の結びつきがあったことが理解できる。これは、カール・バルトの主張したコルプス・クリスチアヌムと近似している。コルプス・クリスチアヌム（Corpus Christianum）とはヨーロッパのキリスト教的共同体─今日のヨーロッパ共同体もこの歴史的遺産なしには存在しえないような偉大なキリスト教的文化形成物である。エルンスト・トレルチもコルプス・クリスチアヌムの問題を視野に収めており、それは313年のコンスタンティヌス大帝のキリスト教公認以来中世キリスト教の発展の中で形成された教会と国家の統合体、「教会支配文化」の全体であるとしている。（コンスタンティヌス帝は国家の新たなイデオロギーとしてキリスト教を利用した。）トレルチは宗教改革をも背後にあるコルプス・クリスチアヌムとの関係で見ており、それが宗教改革によって破壊されていないということゆえに、宗教改革はなお中世的だと判断した。幼児洗礼を認めれば、キリスト教教会の共同体（コミュニティー）としての要素が強まるが、個々人が信仰を持ち自発的に洗礼を受けると、それは協会（アソシエーション）としての要素を持つ。

10 藤代泰三『キリスト教史』講談社学術文庫、2017年、286頁

11 フルドリヒ・ツヴィングリ（１４８４―１５３１）。スイスの宗教改革者。聖書のみの原理を主張した。ツヴィングリの思想形成はカルヴァンへ継承され、ルター派とは別の潮流を作ることになった。

12 マルティン・ルター（１４８３―１５４６）。ドイツの宗教改革者。１５０５年にアウグスティヌス隠修士会の修道士となり、１５０８年に新設のヴィッテンベルク大学で道徳哲学を教えるために派遣された。１５１１年に同大学で聖書釈義の教授となった。１５１７年10月31日に、ルターの「95箇条の提題」はヴィッテンベルク城教会の門扉に提示され、これがドイツ宗教改革のきっかけとなった。

13 トーマス・ミュンツァー（１４８９年頃―１５２５）。ドイツの急進的な宗教改革者。１５１７／１５１８年にヴィッテンベルク大学で講義を聴き、１５２０年におそらくM・ルターの推薦でツヴィカウの説教者になった。霊的で神秘主義的な神学を展開した。

14 内発的光とは、神は人間に語りかけておられ、神の声を聞くためには一人一人がその声に積極的かつ静かに耳を傾けるべきであるという考え。（ヨハネ福音書冒頭部分参照）

15 モラヴィアはチェコ共和国東部の地方である。

16 レオンハルト・フッター（１５６３―１６１６）。ドイツのルター派神学者でヴィッテンベルク大学神学教授。ルター主義の中でも厳格な正統主義者で、フィリップ派や改革派に激しく反対した。

17 メルキオール・ホフマン（1500年頃—1543／44）。ドイツのアナバプティスト。シュヴァーベンのハルに生まれ、毛皮製造を生業としていたが、ルター派に加わって信徒説教家となり、北ドイツおよびスカンディナヴィアの諸地方を説き歩いた。

18 仮現論とは、キリストは人としての肉体を持たず、その人性と受難は仮象に過ぎないとする言説である。

19 ヨハネの黙示録20章2節、4節、7節を出所とする神学学説。世界の終末において、神は悪魔サタンを捉えて千年の間つなぎ、底知れぬ所に投げ込み、入口に封印をして地上にあらわれることを禁ずる。その後、万人の審判が行われ、命の書に名を記されていない者は火の池に投げ込まれ、記されている者は、天国の民として祝福の生活を送る。

20 マッティス（1557—1619）。神聖ローマ皇帝（在位1616—19）。マクシミリアン2世の子として、ヴィーンに生まれ、諸地方の総督を歴任、ルドルフ2世の死後皇帝となった。皇帝となってからは、オーストリア大公フェルディナントに教会の問題処理を委ねたが、ボヘミアでは反宗教改革を遂行しようとして、プロテスタントの激しい抵抗にあい反乱を引き起こす結果となった。

21 旧約聖書の族長の一人。新約聖書では、彼が天に移されたことが言及されている。

22 ベルンハルト・ロートマン（1495頃―1535頃）。ドイツのアナバプティストの指導者。共同生活兄弟会の学校で学び、ミュンスター郊外の施設のチャップレンとなったが、公然とルター主義を説くようになり、さらにM・ホフマンの流れを汲むアナバプティストの思想に傾き転向した。その説教によりミュンスターの宗教改革を成功に導いた。

23 前掲書、285頁

24 1555年にアウグスブルク帝国議会において、フェルディナント1世と選帝候たちの間で達せられたドイツ帝国内の宗教的諸問題の和解。この和議はカトリシズムとルター主義の存在を認め、各領地で臣民が領主の宗教に従うべきことを定めた。

25 前掲書、285頁

26 前掲書、276頁

27 前掲書、同頁

28 聖餐に関するローマ・カトリック教会の正統教義。聖餐のパンとぶどう酒において、その偶有性は存続するが、その全実性はキリストの肉と血との全き実体と化するという説である。

29 アルブレヒト・リッチュル（1822―1889）。ドイツのプロテスタント神学者。ベルリンに生まれ、ボン、ハレ、ハイデルベルク、テュービンゲン等で学ぶ。ボンの私講師および教授を経てゲッティンゲン大学の教授となる。リッチュルの神学はドイツにおいて1840年代以降強くなってくる実証主義、自然主義、唯物主義の風潮とそれに対抗してカント主義が提唱される当時の思想的状況によって強く規定されている。

30 ウィルヘルム・ヴィンデルヴァント（1848—1915）。新カント学派の西南学派（バーデン学派）の祖。ストラスブール、ハイデルベルク各大学教授。カントの批判的方法を承継し、カントが批判的方法を数学と自然科学に適用したのに対し、彼はそれを広く文化価値の全領域に適用して、文化哲学、価値哲学を立てた。

31 リッケルト（1863—1936）。ドイツの哲学者。ヴィンデルヴァントとともに新カント学派、西南学派の代表者。フライブルク（1896—1916）、ハイデルベルク大学教授。哲学の任務は科学の方法論的基礎づけにありとした。特に文化科学を自然科学と方法論的に区別し、その基礎づけを企てた。

32 マックス・ウェーバー（1864—1920）。ドイツの政治学者であり、社会学者、経済学者である。

33 マタイによる福音書5章3節から7章27節に出ているイエスの説教。

34 Ernest Troeltsch, The social teaching of the Christian churches volume two（translated by Olive Wyon, London: George Allen&Unwin LTD, New York: The Magmillan Company, 1931）694頁、訳は引用者によるもの

35 12世紀に起きた民衆宗教運動団体。二元論的異端としてローマ教会から激しい迫害を受けた。

36 イギリスの宗教改革の先駆者J・ウィクリフの影響を受けたもののうち、15世紀ボヘミアにおけるフスの宗教改革的意見を信奉する徒の総称。

37 前掲書、695頁

38 ジョン・スミス（1554―1612）。バプテスト派の創始者。ケンブリッジ大学クライスト・カレッジに学び、英国教会の牧師になる。後にリンカーンで清教徒の説教者として働き、9か月余の苦闘と熟慮との結果、英国教会を去ってゲインズバラの分離派の牧師となった。この前後激しい迫害を受け、オランダ移住を決意、亡命者の一団を率いてアムステルダムに行った。当時の教会組織、バプテスマ、殊に幼児洗礼を否定し、自己バプテスマを行い、最初の現代バプテスマ教会を設立。信仰告白者のみを教会員とした。

39 会衆とは、召された者の集りの意味で教会を指す。神の恵によって召され集められた人々の集団であって、神との関係によって特に他と区別される群であることを指す。

40 サクラメントとは、邦語の礼典または聖礼典（プロテスタント訳語）、聖奠（聖公会訳語）、秘跡（カトリック教会訳語）、機密（日本ハリストス正教会訳語）にあたる。説教とともに教会の最も重要な機能。カトリック教会では洗礼、堅信、聖餐、告解、終油、叙階、結婚の七つがある。プロテスタント教会では洗礼と聖餐の二つである。

41 前掲書、695頁

42 前掲書、696頁

43 自然法とは時と場所を超えて、普遍的に妥当する永久普遍な自然の絶対的理法を指す。

44 ジョン・ウィクリフ（1320／29―1384）。イギリスの哲学者、神学者。宗教改革の先駆者であり、また福音的博士と呼ばれる。貴族の出身。オックスフォード大学ベリオール寮で学び、学寮長、カンタベリー・ホールの学長に任命されたともいわれる。アウグスティヌスの流れを汲む実念論の立場からドゥンス・ストコスやオッカムらの唯名論を厳しく論駁し、哲学者として有名になる。

45 ヤン・フス（1369頃―1415）。15世紀ボヘミアの宗教改革の先駆者。南ボヘミアのフシネツに貧農の子として生まれる。プラハ大学に入り、マギステルの学位を得、プラハ大学教授、哲学科主任教授、同大学総長、を歴任。この間司祭に叙せられ、プラハのベツレヘム礼拝堂の説教者となって高名を馳せた。当時ボヘミアに伝えられたイギリスの改革者ウィクリフの教説の影響を強く受けて救霊予定説を唱え、教会と聖職の堕落を攻撃した。

46 前掲書、705頁

47 前掲書、同頁

48 前掲書、同頁

49 前掲書、706頁

50 前2世紀頃から後1世紀に存在したユダヤ教の一党派。パリサイ派と並んで、これを対立する党派として描かれていることが多い。

51 前2世紀頃から紀元後にかけて活躍したユダヤ教内の有力な分派。

52 イエス時代のユダヤ教3大党派の一つ。聖書にもタルムードにもこの派についての記事はない。

53 コンスタンティヌス2世（317—61）。ローマ皇帝（337—61）。コンスタンティヌス大帝とファウスタとの間の第2子。父帝の死後、3兄弟で帝国を3分して東方を統治した。ペルシアと交戦、これに大勝した。また弟コンスタンスを殺したマグネンティウスをムルサの戦で撃滅、以降は独裁帝となった。死の床でアレイオス派のエウゾイオスより受洗した。幼児よりキリスト教的環境に育ったために、父に較べて、はるかに具体的な、優れたキリスト教的教養を持ち、神学に関心を持っていた。

54 東京ミッション研究所ヨーダー研究会編『ジョン・H・ヨーダーの神学—平和をつくり出す小羊の戦い』新教出版社、2010年、16頁

55 ドイツ帝国内で戦われたヨーロッパで最後の、また最大の宗教戦争。ハプスブルク家の反宗教改革政策に対するボヘミアのプロテスタントの反乱がその発端である。

56 1648年ドイツのウェストファリアで、三十年戦争終結のためにドイツ・フランス・スウェー

デンとの間に結ばれた条約。ドイツでのカルヴァン派承認、フランス・スウェーデンの領土拡大、スイス・オランダの独立が承認された。また、領邦国家の主権が確立し、ドイツ分裂を決定的にした。（大辞林 第3版より引用）

57 世俗化の問題との取り組みの中で、神は死んだという立場に立つ神学。「神の死というテーマは、死んで復活したイエス・キリストをまことの神と告白することから、すでに古代教会の時代に立てられたテーマである。死んでよみがえる神々や死を免れた神的人間についての宗教的神話は一般にも存在するが、この告白は、そのような意味での誤解とは極めて対照的に、イエス・キリストの死の実存性を限局するのでもなく、また神の神性をその子の死という観点から移ろいやすいもの、すでに失われたもの、あるいは中断したものと理解するのでもないことを明らかにしつつ告白された。その際、神ご自身としてのイエス・キリストの死が神の神性という観点から何を意味するかという問いは、すでに古代教会の中でも最高度に弁証法的に、しかも三位一体論とキリスト論との両方の構造の中で、答えられている。」（H・ミューラー著、雨宮栄一・森本あんり訳、『福音主義神学概説（オンデマンド版）』日本キリスト教出版社、2016年、470頁より引用）

58 前掲書、112―113頁

59 聖書が書かれた時代に、聖書がどのような意味を持ったのかを可能な限り読み取り、その現代的な意味と規範性を確定しようとする試み。

60 ローマ・カトリック教会やプロテスタント諸教会がヨーロッパを中心に広がったのに対して、中近東を中心にギリシャ、東欧、ロシアに広がった。

61 ハリコフはウクライナ北東部の都市である。ウクライナではキエフについで2番目に大きな都市である。

62 イコンとは、ギリシア語でエイコン（画像の意）に由来する。今日では東方正教会で作られた板絵の聖画像を指す。

63 カフカス、またはコーカサスは黒海とカスピ海に挟まれたコーカサス山脈とそれを取り囲む低地からなる地域である。

64 レフ・トルストイ（1828―1910）。ロシアの作家。大地主の家に生れ、2歳にして母を失い、少年時代から人生問題に悩み、死の恐怖にとらわれた。24歳のとき発表した処女作『幼年時代』（1852）で作家としての地位を確立し、『戦争と平和』、『アンナ・カレーニナ』を発表して世界的な名声を得た。人生をどう生きるべきかという問題に苦悩して、原始キリスト教の素朴な信仰にたちかえり、私有財産を否定し、農民大衆の生活に入っていくとともに、芸術はキリスト教的な愛を伝達すべきであることを主張した。

65 中村喜和『武器を焼け―ロシアの平和主義者たちの軌跡』山川出版社、2002年、86頁

66 皇帝ニコライ2世（1868―1918、在位1894―1917）は、ロマノフ朝第14代にして最後のロシア皇帝。日露戦争、第一次世界大戦において指導的な役割を果たすが、革命勢力を厳しく弾圧したために ロシア革命を招き、1918年に一家ともども虐殺された。東ローマ帝国の皇帝教皇主義の影響を受けたロシアにおいて、正教会の聖人とされている。

67 アナーキズムとは、政府または政治的支配の否認を主張する思想。無政府主義ともいわれる。

68 『復活』はロシアの作家、レフ・トルストイの晩年の長編小説である。1899年に『ニーワ』という大衆むけの雑誌連載で発表された。若い貴族と彼の恋人だった女性の贖罪を描き、社会の偽善を告発する内容である。トルストイはこの作品の印税や西ヨーロッパ諸国での翻訳の著作権料を、当時ロシアで厳しい迫害を受けていたドゥホボール教徒がカナダに移住するための資金として献金した。

〈参考文献〉

①エクハルト・レッシング、佐伯守訳『トレルチの思想―その歴史哲学をめぐって』日本YMCA同盟出版局、1976年

②大木英夫『バルト』講談社、1984年

③大林浩『トレルチと現代神学―歴史主義的神学とその現代的意義』日本基督教団出版局、1972年

④木村毅『ドゥホボール教団の話―武器を放棄した戦士たち』恒文社、1979年

⑤倉塚平、田中真造、その他『宗教改革急進派―ラディカル・リフォーメーションの思想と行動』ヨルダン社、1972年

⑥出村彰『再洗礼派―宗教改革時代のラディカリストたち』日本基督教団出版局、1970年

⑦東京ミッション研究所ヨーダー研究会編『ジョン・H・ヨーダーの神学―平和をつくり出す小羊の戦い』新教出版社、2010年

⑧中村喜和『武器を焼け―ロシアの平和主義者たちの軌跡』山川出版社、2002年

⑨藤代泰三『キリスト教史』講談社、2017年

⑩H・ミューラー、雨宮栄一・森本あんり訳『福音主義神学概説』日本キリスト教団出版局、2016年

⑪　Ｈ・Ｇ・ペールマン、蓮見和男訳『現代教義学総説新版』新教出版社、２０１７年

⑫　Ernest Troeltsch, The social teaching of the Christian churches volume two（translated by Olive Wyon, London: George Allen&Unwin LTD, New York: The Magmillan Company, 1931)

おわりに

鉄村沙和弥

本書には、同志社大学神学部の特別講座と同志社大学生命医科学部の「サイエンスとインテリジェンス」の受講生の論文が収録されている。神学部の特別講座は佐藤優先生の、「サイエンスとインテリジェンス」は佐藤優先生と同志社大学生命医科学の野口範子先生の講義である。私は1回生（2017年度）から神学部の特別講座に、2回生から「サイエンスとインテリジェンス」の講義に参加した。私にとっては、大学の授業の中で両者はともに非常に思い入れのある講義である。

神学部の特別講座は単位が出ない講義である。多少前後するが月に一度、土曜日に90分×3コマの講義を行い、学期にそれを5回行う。主に今出川キャンパスの神学館で行われていた。2020年度は新型コロナ・ウィルスの影響で春学期は中止になり、秋学期は良心館で行われた。

神学部の特別講座について、私の視点から簡単に振り返ってみる。2017年度の春学期は、新書を使った問題演習を行った。2017年度秋学期は、高大接続のために『もういちど読む山川倫理』（山川出版社、2011年）を使った問題演習を行うとともに、本書に収録されている太田さん、山下さん、そして私の論文の参考文献となっているペールマンの『現代教義学総説』（新教出版社、2008年）を使った問題演習が始まった。また神学の基礎として、旧約聖書と新約聖書の巻名、使徒信条、ニカイア・コンスタンティノポリス信条、カルケドン信条の暗記テストもあった。私にとっては、春学期の講義で大学での勉強の仕方に慣れ始め、秋学期から本格的な勉強が始まった。２０１７年度の講義では、学習の量に関する指導があった。大学生は、平日3時間、休日5時間、慣れてきたら平日5時間、休日10時間勉強するよう指導された。実際、春学期の講義は、準備をしないと講義に全くついていけなかった。その反省から、秋学期の講義からは平日は最低3時間、休日は5時間から8時間ほど毎日勉強するようになった。２０１８年度春学期は、佐藤先生の恩師である藤代泰三氏の『キリスト教史』（講談社学術文庫、２０１７年）を使った問題演習と、プレゼンテーションとブックリビューが始まる。２０１８年度秋学期は、プレゼンテーションとブックリビューは継続し、再び『現代教養学総説』の演習をした。暗記テストは上記のものに加え、アタナシウス信条が追加された。２０１８年度からは、受講生共通の講義の課題と、各受講生の関心に沿ったものを同時並行で指導していただいた。この年度からは、受講生共通の課題が神学における最低ラインで、プレゼンテーションやブックリビューで自分の関心を広げていくイメージだったと思う。２０１９年度はキリスト論に焦点をあて、マイエンドルフの『東方キリスト教思想におけるキリスト』（教文館、１９９８年）の問題演習を行った。またプレゼンテーションとブックリビューでは、カール・バルトや柄谷行人を取り上げ講義の難易度が上がったと思う。２０１９年度も暗記テストは継続された。２０１９年度には、特別講座の課題と同じような勉強量を受講生は他の分野でも自然としていた。ある受講生は留学に行ったり、就職に向けた勉強をアウトソーシングしたりしていた。私の場合は、カール・バルトとマルティン・ハイデガーを比較した3回生論文を書くとともに公務員試験の勉強をしていた。２０２０年度春学期は新型コロナウイルスの影響で中止となり、２０２０年度秋学期は、佐藤先生の専門であるチェコのプロテスタント神学者ヨゼフ・ルクル・フロマートカの『人間への途上にある福音』（新教出版社、２０１４年）の問題演習を行った。当時のチェコは共産主義国であったため、「人民のアヘン」とされた宗教について自由に書けなかった。こうした時代背景があるテキストであったため読み解きが非常に難しかった。講義の準備と並行して、私は本書に収録されている論文を書いた。年度が進むにつれ、当然勉強の量と質のハードルがともに高くなっていくが、佐藤先生には各受講生の進度からギリギリ飛べる高さを常に各々に設定していただいたと私は思う。

「サイエンスとインテリジェンス」は、同志社大学のサイエンス・コミュニケーター養成副専攻の科目の一つで、京田辺キャンパスと今出川キャンパスをつないで講義が行われた。テーマは、進化論、太平記、ＳＴＡＰ細胞事件、ルイセンコ学説そしてポパーの反証主義など多岐にわたった。ＳＴＡＰ細胞事件についてユング心理学における錬金術の視点から考察したり、ルイセンコ学説をスターリンの弁証法的唯物論の視点から理解したりした。

「サイエンスとインテリジェンス」について、私の視点から簡潔に振り返ってみる。この講義のテーマは文理融合だった。文理融合というと話が大きくなるが、私はこの講義を受けて、理系と文系の対話をいかに成立させるかに焦点があてられていたと思う。それを様々なテーマから見ていったのがこの講義だと思う。私はこの講義を通じて、神学と他の学問の前提の差異を感じた。多くの学問は、データによって反証可能性を開く。他方神学、特に私が重点的に学んだ組織神学は、議論をいかに飛躍させることができるかが重要になってくる。ここの飛躍とは、たとえばＳＴＡＰ細胞事件のような対象を、全く分野の異なるユング心理学で説明を試みるというようなことである。その意味で、「サイエンスとインテリジェンス」は神学の応用問題の講義だったというのが私の感想である。

以上では、私の視点から両講義について振り返ってきた。神学部の特別講座では論点を深く学び、「サイエンスとインテリジェンス」では論点をつなげる訓練をしてきた。こうした訓練を受けた受講生の論文が出版されることによって、同志社大学の教育がいかに充実しているかを具体的に示すことができると思う。私は今回の書籍を出版するにあたって、自分の大学生活がいかに恵まれていたかを改めて実感した。私は同志社大学から多くのものを受けた。そして大学卒業後は、「受けるよりは与える方が幸いである」（使徒言行録20章35節）というイエスの言葉の実践をしていきたい。

最後になりますが、講義を担当していただいた佐藤優先生と野口範子先生、そして学生論文集の出版の労を取っていただき編集に至るまで大変お世話になった月刊日本編集部の中村友哉様に深く感謝申し上げます。

２０２１年２月７日　京都にて

鉄村沙和弥

佐藤 優（さとう・まさる）

1960年生まれ。同志社大学大学院神学研究科修了後、外務省に入省。2002年に背任容疑で逮捕。『国家の罠』でデビューし、『自壊する帝国』で大宅壮一ノンフィクション賞・新潮ドキュメント賞を受賞。近著に『公明党 その真価を問う』（山口那津男氏との共著）、『新世紀「コロナ後」を生き抜く』など。

学際的思考としての神学　同志社大学学生論集

2021 年 3 月 12 日　第 1 刷発行

編　者　佐藤　優
発行者　南丘喜八郎
発行所　K＆Kプレス
〒102－0093
東京都千代田区平河町２－１３－１
読売平河町ビル５階
TEL　03（5211）0096
FAX　03（5211）0097

印刷・製本　中央精版印刷
乱丁・落丁はお取り換えします。